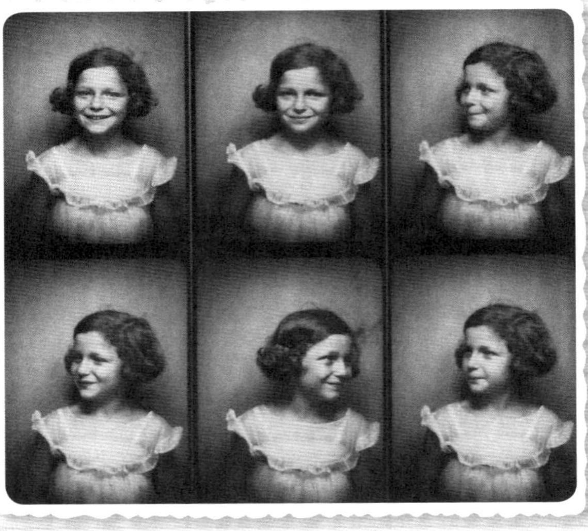

MEMÓRIAS DE UM LUGAR CHAMADO ONDE

Nora Rónai

Casa da Palavra

Este livro foi revisado segundo o Acordo Ortográfico da Língua Portuguesa de 1990, em vigor no Brasil desde 2009.

Direção editorial
Ana Cecilia Impellizieri Martins | Martha Ribas

Coordenação editorial
Renata Nakano

Projeto gráfico
Raquel Matsushita

Diagramação
Cecilia Cangello | Entrelinha Design

Fotografias
Edoardo Tausz

Ilustrações
Nora Rónai

Preparação
Martha Lopes

Revisão
Renata Lopes Del Nero
Flávia Custódio Coe

CIP-BRASIL. CATALOGAÇÃO NA PUBLICAÇÃO
SINDICATO NACIONAL DOS EDITORES DE LIVROS, RJ

R675m
Rónai, Nora
Memórias de um lugar chamado onde / Nora Rónai. -
1. ed. - Rio de Janeiro: Casa da Palavra, 2014.
208 p.; 21 cm.

ISBN 978-85-7734-457-4

1. Crônica brasileira. I. Título.
14-09036 CDD: 869 98
CDU: 821.134.3(81)-3

28/01/2014 31/01/2014

CASA DA PALAVRA PRODUÇÃO EDITORIAL
Av. Calógeras, 6, sala 1.001
Rio de Janeiro, RJ – 20030-070
21. 2222-3167 | 21. 2224-7461
divulga@casadapalavra.com.br
www.casadapalavra.com.br

PARA EDOARDO, IOLANDA, GIORGIO
E PAULO, DE QUEM ATÉ HOJE SINTO
PROFUNDAS E DOÍDAS SAUDADES. E
À CORA E LAURA, MINHAS FILHAS,
PARA QUEM ESTE LIVRO FOI ESCRITO.

ENCYCLOPEDIE

"TALVEZ ALGUM DIA SINTAMOS PRAZER AO RELEMBRAR ESTAS COISAS."

VIRGÍLIO; ENEIDA, LIVRO I, 203

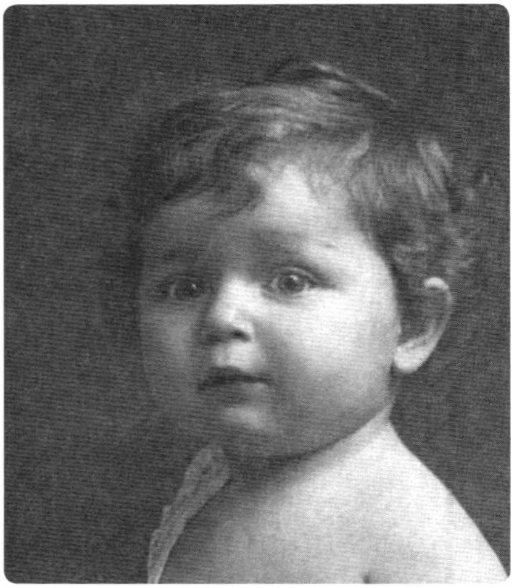

EDOARDO TAUSZ
FOTOGRAFA SUA
FAMÍLIA (ESQ.). NORA,
EM 1925 (ACIMA).

"Son fiuman e me ne vanto!", dizia-se lá na minha terra, ou melhor, na minha ex-terra, que hoje é Rijeka e pertence à Croácia, mas que na minha infância pertencia à Itália e chamava-se Fiume. *Son fiuman e me ne vanto* quer dizer "sou de Fiume e me vanglorio disso!". **Não sei exatamente por que é que eu deveria ter orgulho da cidade em que nasci** ou, quanto a isso, por que é que qualquer um deveria se orgulhar de sua cidade natal, uma vez que isso não passa de um acidente biológico-geográfico. De qualquer modo, é preciso dizer que, para uma cidade pequena (aproximadamente 60 mil habitantes no meu tempo), Fiume até que era bem-apanhada. Ela tinha ares e infraestrutura de metrópole: alguns edifícios bem suntuosos, como o palácio dos antigos governadores húngaros – a Casa Pancera (onde morei aos 6-7 anos), o Palazzo Adria etc.

Também tinha igrejas interessantes e, principalmente, um belíssimo teatro, o Teatro Verdi, construído pelo arquiteto que fez a Ópera de Viena. Os prédios das escolas eram grandes com ginásios superaparelhados, como ainda não vi nenhum aqui no Rio, por exemplo, embora a maioria dos professores fosse péssima e a população em geral extremamente provinciana. Apesar disso, a vida cultural era intensa, promovida em primeiro lugar por uma ativíssima Societá Concerti (Sociedade de Concertos). Não havia músico famoso da época que não tivesse se apresentado no nosso teatro. A temporada de óperas também era bastante concorrida. Nas galerias lotadas, os operários ainda de macacão, de partituras nas mãos, seguiam a representação e faziam julgamentos surpreendentemente apropriados. Depois havia um *circolo* não sei das quantas, dedicado às atividades literárias. Em contrapartida, havia outra agremiação, a Cita Onica (não garanto pela grafia), que servia às mesmas funções, mas para as famílias croatas. Essas duas instituições não se topavam mesmo, pois os italianófilos odiavam os croatófilos e vice-versa.

No meio do Corso (Viale Vittorio Emanoele III), elevava-se a Torre Civica, em cujo topo reinava antigamente uma águia de duas cabeças (símbolo da soberania austro-húngara). Os fascistas quebraram-lhe uma das cabeças e a águia virou aquele símbolo do partido fascista conhecido de todos, mas no lugar da outra cabeça ficou o vergalhão que a sustentara outrora. Na Torre Civica, havia naturalmente um relógio e, na base, um arco (semelhante ao nosso do Teles) por onde se chegava à cidade antiga (*città veccia*) com construções medievais, ruelas estreitas e fedorentas. Tudo cheirava a mofo e miséria. Meu pai, Edoardo Tausz, nasceu lá na *piazza* Miller, que apesar ou por causa da velhice era um lugar muito romântico, cheio de árvores centenárias.

De notável havia ainda a *piazza* San Marco, que se estendia até um molhe, na beira do qual havia um pedestal bem alto encimado pelo Leão de San Marco, símbolo da dominação da Serenissima

Repubblica di Venezia. Daí vocês podem depreender: (1) que Fiume era uma cidade portuária, e (2) que foi dominada sucessivamente por várias potências europeias, a tal ponto que, **no fundo, no fundo, nenhum fiumano sabe exatamente a quem pertence, a quem deve amor patriótico ou lealdade**.

Conta-se que durante a guerra havia um grupo de amigos bebericando num bar. Faltava comida, mas vinho ainda se encontrava nas *osterias*. De repente, entra um homem entusiasmado gritando:

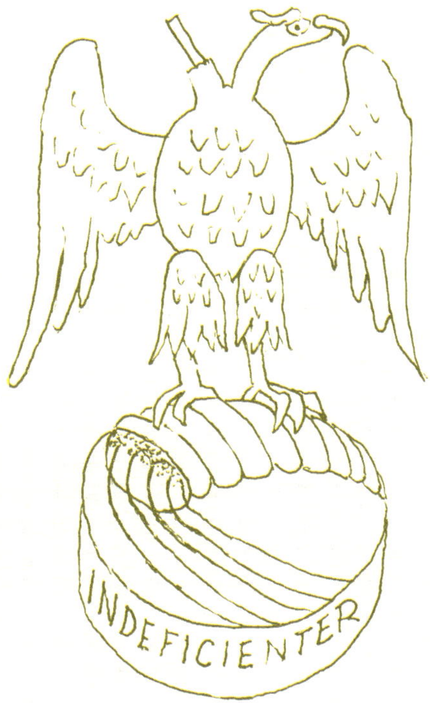

CENAS DE FIUME.

– *Vincemo, vincemo!* – isto é, "vencemos, vencemos!".

– *Chi?* – "Quem?", perguntam os presentes.

– *Noi!* – "Nós!", vem a resposta.

– *Ma chi semo noi?* – "Mas quem somos nós?", pergunta o público.

Quem contou isso estava presente e não há razão para duvidar da história de tão característica que é da nossa gente. Por esse motivo, não é de se admirar que as armas de Fiume ostentassem uma águia (sempre a indefectível ave) segurando uma cornucópia, embaixo da qual lia-se *"Indeficienter"* (digamos, inesgotável), sinalizando que a lealdade dos fiumanos era inesgotável, só não sei em relação a quem ou *quens!* Mas, por outro lado, da nossa bandeira auriverde não consta "Ordem e Progresso"? Donde se conclui que **todo mundo adota símbolos e frases daquilo que mais gostaria de ter e que não consegue alcançar**.

Voltando a Fiume, havia ainda a *piazza* Regina Elena, de onde partiam no inverno os ônibus e os caminhões que levavam os esquiadores (entre eles a mamãe aqui e meu irmão Giorgio) às montanhas para esquiar. Nisso nós tínhamos muita sorte. A nossa cidade estendia-se numa faixa bem estreita entre o mar e a serra (Carso), de modo que no verão divertíamo-nos nas várias praias, enquanto no inverno íamos esquiar num lugar chamado Conca Guido "Rey" no monte Nevoso (também não sei se Rey se escreve assim, minhas lembranças são orais), onde havia um abrigo bem quentinho (Rifugio Guido Rey) e onde se servia o melhor chá com limão que eu já provei na minha vida.

NA PRAIA, NORA TAUSZ COM A MÃE IOLANDA E SUAS AMIGAS (ACIMA). FIUME NA SERRA DO CARSO (DIR.).

Quando não tínhamos dinheiro para pagar a viagem nem que fosse de caminhão (mais barato que ônibus), ficávamos na cidade. Aí a gente subia para a Val Scurigne, de onde se podia descer numa boa de trenó. Para quem olhasse a cidade a partir do mar, à direita havia um rio, o Recina. Ao longo desse rio é que se estendia a fronteira, entre a Itália e a Iugoslávia. Tinha uma ponte que levava a Susak, uma cidadezinha do outro lado. Esta era bem menor e mais primitiva do que Fiume e hoje faz parte de Rijeka. Em Susak havia uma capelinha à margem do Recina. No altar, São Nepomuk (padroeiro de Susak) de braços abertos que nem o Cristo Redentor. A fronteira passava exatamente pelos braços do santo. Como Fiume durante longos anos foi zona franca, o contrabando andava solto através dessa ponte. Inclusive a *speaker* que vos fala contrabandeou inúmeros saquinhos de café e muitas cartas que deviam ser remetidas da Iugoslávia, para evitarem a censura fascista. Eu fazia isso com a maior facilidade e cara de pau, porque os moradores dos dois lados não precisavam de passaporte e visto, apenas de uma *Tessera di Frontiera,* e nós crianças (até 12 anos), nem disso. A gente ficava brincando e correndo de cá pra lá e vice-versa o tempo todo. Eu só desisti dessa meritória atividade quando, já beirando os 17 anos, o guarda me perguntou que idade eu tinha, ao que eu respondi: "quase 12 anos". Aí ele mandou que mamãe providenciasse uma *Tessera* para mim. Senti nesse ponto que era bom parar, aliás mamãe também achou isso, digamos com o maior empenho.

Mamãe, que se chamava Iolanda Kápolnai quando solteira, tinha um temperamento muito alegre e forte. Não só de temperamento, mas era forte até fisicamente. Quando mais nova, contrabandeara sem parar e fez as maiores estripulias, pior do que eu, mas, quando se tratou da gente, ela amarelou. Bem, agora que vocês já sabem que papai era Edoardo e mamãe Iolanda, chegou a hora de saberem do casamento deles, devido ao qual aqui estou desde uma fria manhã de inverno no dia 29 de fevereiro de 1924. Minha *nonna* Rosa Weisz, mãe do papai, casou com um viúvo, Felipe Tausz, que já tinha dois filhos: Samuel, o mais velho, e Ernesto, o mais novo. Pouco depois, ela teve uma menina, Olga. Essa menina, porém, morreu tragicamente asfixiada, quando a ama de leite ao adormecer rolou em cima dela.

Dois anos depois, nasceu meu pai. Quando o pequeno Edoardo tinha 4 anos, ficou órfão de pai, pois o meu avô Felipe morreu de tuberculose. Seu meio-irmão Samuel, 18 anos mais velho, ficou com o encargo de dirigir a firma de importação de vinhos por atacado, que naquela altura estava completamente falida devido à longa doença do seu dono. Acresce-se ainda o fato de que seu outro meio-irmão Ernesto já se encontrava doente, pois fora contaminado pela tuberculose. Minha *nonna*, coitada, ficou sem um móvel dentro de casa, porque durante a doença do marido teve que vender tudo que tinha para pagar o médico e os remédios. Nem para o enterro havia dinheiro. Quem acabou pagando tudo foi a loja maçônica de Fiume; no entanto, meu avô nem era maçom.

OS PAIS DE NORA,
EM TORNO DE 1920.

Mamãe nasceu na cidade húngara de Nagykanizsa, mas foi levada para Fiume ainda neném, com 3 meses de idade. A mãe dela, nossa *omi* (é assim que a chamávamos), curiosamente tinha o nome idêntico ao da *nonna*: Rosa Weisz, mas as duas não eram parentes nem de longe. (*Omi* casara-se com um atacadista de cereais de nome Kohn Lajos – Luis Kohn –, que mais tarde teve que dar o nome Kápolnai aos filhos, quando o governo húngaro mandou que os nomes "estrangeiros" fossem "hungarizados".) Mamãe tinha mais quatro irmãos: a tia Valéria, a tia Elvira, o tio Ladislau e o tio Américo. Em húngaro: Vali, Ella, Laci e Imre. Tia Valéria era a mais velha e depois vinham os outros em ordem decrescente de idade, sendo que mamãe (*Iolán* em húngaro) era a penúltima antes do tio Américo.

Meu pai era muito amigo do tio Ladislau, com quem treinava esgrima quase todo dia. A meta dos dois era decepar os botões da roupa do outro. No fim dos grandes embates, lá estavam ambos sem nenhum botão na roupa. Aí vinha a mamãe e costurava tudo de volta. Tanto costurou e costurou que papai e ela se apaixonaram. Isso, porém, era imprudência e uma péssima ideia naquela época, porque **os bons filhos e filhas tinham que esperar as ordens das famílias que, de acordo com os interesses político-financeiros, contratavam casamentos**, sem que os jovens tivessem palavra em capítulo, aliás, sem que eles nem ao menos se conhecessem em muitos casos.

O tio Samuel queria que o papai (um rapaz muito bem-apessoado) arranjasse uma moça rica, cujo dote de casamento

CENAS DA CITTÀ VECCIA, EM FIUME.

IOLANDA
E EDOARDO,
NOIVOS.

melhoraria o capital de giro da firma Fratelli Tausz. E isso não era um sonho mirabolante, pois muitas famílias ricas teriam topado o negócio com prazer. Papai, além de bonito, era inteligente, culto, bom caráter e pertencia a uma família dantes "ilustre" (entenda-se abastada). Já o vovô Luis também queria que a mamãe casasse com um rapaz rico, que, entrando de sócio na firma de comércio de cereais, aumentasse o capital de giro da empresa dele. Isso tampouco carecia de fundamentos, pois mamãe era bonita, se bem que um tanto magra para os cânones da época. Mas em compensação era culta e trabalhadora (correspondente trilíngue da madeireira Faginea).

Mamãe também era muito divertida: cantava e dançava bem, tinha senso de humor e era excelente tenista. Vai daí que **as duas famílias se revoltaram sobremaneira e jamais perdoaram os dois "ingratos", que ousaram casar um com o outro sem nenhuma consideração para com as tradições e as conveniências comerciais**. Vai daí também que ambas as famílias olhavam a nós crianças, Giorgio e eu, como rebentos do "outro estragador de sonhos", daquele "calvinista carne de pescoço", ou daquela "petulante", "indesejada". Situação bastante incômoda a nossa, não é? O que nos salvava era que pelo menos nós quatro – papai, mamãe, o Giorgio e eu – éramos unidos e gostávamos muito uns dos outros. É claro que às vezes nós crianças brigávamos, mas eram coisas sem profundidade ou importância, passavam em alguns minutos, e aí voltávamos a brincar como de costume. Uma única vez aconteceu que as brigas se tornaram mais graves e frequentes, isso em Budapeste, mas papai deu um jeito na gente e nunca mais nós brigamos. Aconteceu assim: um belo dia, papai volta de noite do trabalho, e a empregada:

– Senhor Edoardo, estas crianças quase se matam hoje. Uma mordeu o outro que bateu na uma que arranhou o outro que puxou os cabelos dela que...

– Não, papai! – eu disse. – A culpa foi do Giorgio, porque isto aquilo e tudo o mais.

– Mentira – interveio ele. – A culpa foi da Nori, que patati e patatá.

Papai, depois de nos ouvir sem falar nada, pegou o Giorgio e deu-lhe uma boa surra, enquanto eu sorria triunfante no canto. Quando acabou com o Giorgio, ele me pegou e deu-me uma surra igual, e disse calmamente:

– Isso foi para mostrar a vocês que, em matéria de pancadaria, eu brigo melhor do que qualquer um de vocês; e não quero mais ouvir de brigas entre os dois. Compreenderam?

Mal se passaram alguns dias, essa mesma cena repetiu-se com as mesmas consequências, só que, desta vez, enquanto papai dava as palmadas no Giorgio, eu já chorava de antemão, sabendo que a próxima seria eu. Na terceira ocasião, papai chegou em casa e a empregada:

– Senhor Edoardo, o senhor não faz ideia de como estes dois se engalfinharam hoje.

Ao que nós dois:

GIORGIO E NORA
NO NATAL DE 1928.

NORA E GIORGIO SE DIVERTIAM NA PRAIA E NA PRACINHA.

– Nós? Mentira! Nós não brigamos coisa nenhuma, nós ficamos aqui brincando na santa paz do Senhor! Nós nos adoramos, não é, Giorgio?

– Claro, Nori! – E nos abraçamos para o papai ver como a gente se adorava.

– Ainda bem – resmungou papai, e saiu do quarto.

E desde então nós nunca mais brigamos. Isso é verdade e dou fé. Vejam só, mal contei que nasci e já pulei uns oito, dez anos da minha vida. Mas acontece que, talvez devido à idade e em parte ao meu jeito, **minhas memórias não aparecem em ordem cronológica, não fluem que nem água encanada de um ponto ao outro. Antes elas divagam como meandros de um rio, com vários afluentes aqui e ali**.

A memória mais antiga que carrego comigo é de eu estar deitada numa cama encostada numa janela. O quarto escuro é iluminado por uma vela em cima de uma mesa, em volta da qual estão jantando papai, mamãe e o Giorgio. Eu estou em pânico devido à vela, pois tenho verdadeiro terror de fogo. Não consigo pregar o olho e não ouso adormecer. Mamãe me disse que isso aconteceu durante umas férias em Porto Re, que naquele tempo não dispunha ainda de luz elétrica. E aí eu estava com 2 anos e meio.

Em compensação, sempre tive atração fortíssima pela água. Mamãe me contou que tinha de me vigiar constantemente, pois onde eu descolasse alguma água me jogava nela, mesmo que fosse alguma poça imunda. Eu engatinhava ainda, mas já sabia nadar, o que pelo menos dava a segurança aos meus pais de que não iria me afogar numa dessas arremetidas.

Ainda, pelo que mamãe me contou, eu estava com 2 anos exatos, o inverno era particularmente frio. Mamãe foi ao mercado e a empregada estava varrendo os quartos. Eu me vi sem ninguém tomando conta de mim na cozinha. Aí puxei um banquinho para perto da pia. Depois puxei um escabelo para junto do banquinho e, em seguida, usando os dois como escada, subi na pia, tampei o ralo e abri a torneira.

E, nesta altura vocês precisam saber de duas coisas. Primeiro que as pias em Fiume eram cavadas num grande bloco de granito, portanto era difícil mudarem de temperatura, quer para mais quente, quer para mais frio. Segundo que a água vinha, tanto no inverno quanto no verão, com exatos quatro graus centígrados, pois provinha dos vários rios subterrâneos do Carso, todo ele de calcário, onde formavam inúmeras grutas e espeluncas. A água chegava das montanhas com tanta pressão que não existiam caixas-d'água nem bombas nos edifícios. Ela subia direto para os vários andares.

Mas, voltando à história, mamãe ao chegar em casa mal abriu a porta e ouviu meus gritinhos entusiásticos *"panci, panci"*, vindos da cozinha junto com um chacoalhar de água. Correu para ver o que se passava e verificou que suas piores suspeitas estavam certas. Lá estava eu, de roupinha de flanela e sapatinho de couro fazendo a maior algazarra dentro d'água. Ela apanhou correndo uma grossa toalha felpuda e tirou-me de lá, enquanto eu metia a boca no mundo. Eu chorava e esperneava porque não queria sair da água. Mamãe teve o maior trabalho para tirar a minha roupa molhada, me enxugar e me vestir de novo em roupinhas secas. Em seguida, telefonou ao dr. Pozder, nosso médico de família, relatando o ocorrido, muito apavorada.

– E daí? – perguntou o fleumático doutor.

– E daí que ela poderá pegar uma gripe ou, Deus me livre, uma pneumonia, quiçá até dupla!

– Bom – retorquiu o doutor –, se ela começar a espirrar e tiver febre a senhora volta a me telefonar.

É claro que não peguei nada. Nem um espirro eu dei; aliás, não me lembro de jamais ter ficado doente por causa de água, por mais fria que fosse, e olha que lá a água do mar era bem geladinha até no verão, exatamente por causa daqueles riozinhos subterrâneos que vinham todos ter às nossas praias.

Mas o meu medo do fogo nunca me abandonou. Com o tempo aprendi a dissimulá-lo, embora por dentro estivesse tremendo, morta de pavor. O Giorgio sabia se aproveitar desse fato para se divertir à minha custa. Ah, sim, porque, ao contrário de mim, o meu irmão simplesmente adorava brincar com fogo.

Então ele fazia o seguinte: pegava um graveto e punha-lhe fogo mergulhando-o nas brasas da estufa (todo cômodo tinha estufa naquela época, os aquecedores centrais apareceram mais tarde). Aí a ponta do graveto ficava em brasa e o Giorgio agitava aquilo bem debaixo do meu nariz. Inicialmente – eu era bobinha – dava gritos de pavor e tentava me esconder, mas

NORA COM MEDO DO FLASH; GIORGIO IMPASSÍVEL.

ele, implacável, corria atrás de mim sempre com o graveto aceso. Papai e mamãe proibiam isso, naturalmente, mas eles nem sempre estavam em casa para nos controlar. Uma vez aconteceu que o Giorgio estava me atazanando como de costume quando, de repente, apareceu a mamãe. Assustado, ele escondeu o graveto debaixo do armário:

– O que é que está se passando aqui? – perguntou mamãe.

– Nada – respondemos os dois, porque eu fiquei com medo de que o Giorgio fosse apanhar muito, o que era provável e acabou acontecendo, porque o graveto pôs fogo no parquete e no fundo do armário e quase ocasionou um incêndio generalizado.

Mas meu irmão não era de desistir tão facilmente. Tanto não era que durante sua vida ele se queimou, até gravemente, muitíssimas vezes, e mesmo assim continuava a gostar de fogo, enquanto eu, que nunca me queimei, continuo tendo medo até hoje.

No verão, quando não havia fogo nas estufas, o Giorgio acendia fósforos e agitava-os da mesma forma na minha cara. Um pouco mais crescida, cheguei à conclusão óbvia de que eu não devia demonstrar meu medo, para não dar esse gosto a ele. Esperei um dia em que me vi sozinha dentro de casa. Peguei, com a mão trêmula – não é força de expressão, não, é verdade mesmo! –, corpo e alma trêmulos uma caixa de fósforos e fui até a pia. Abri a torneira e, enquanto a água corria para tudo que desse e viesse, a muito custo consegui riscar o primeiro fósforo, que levei imediatamente para debaixo d'água.

Fiz assim com mais alguns, enquanto tremia que nem vara verde. Depois, aos poucos, comecei a deixar um que outro arder durante alguns segundos. Quando acabei com a caixa, já conseguia deixá-los arder quase até os meus dedos. **Não quero dizer que parei inteiramente de tremer, mas pelo menos não o fazia de maneira óbvia.**

Da próxima vez que o Giorgio veio se divertir pra cima de mim, eu fiquei firme e dei um jeito até de rir na cara dele. Aí peguei um fósforo, acendi-o e o agitei debaixo do nariz dele. Vocês deviam ver a cara de decepção que ele fez. Acho que foi um golpe sério no seu ego. Mas também nunca mais voltou a me apoquentar com isso.

Outro trauma meu com fogo era a mania do papai de fotografar. Ele era excelente fotógrafo e fazia questão de tirar fotos da gente em toda e qualquer ocasião festiva e, às vezes, mesmo sem ocasião nenhuma. A minha desgraça era que naquela época não existiam estes *flashes* modernos. Papai segurava um tipo de plataforma com um cabo embaixo. Aí punha pó de magnésio em cima e, na hora de disparar a máquina com uma das mãos, disparava uma centelha nessa plataforma com a outra. O pó de magnésio pegava fogo e ardia com um grande clarão, enquanto fazia "pum" e soltava muita fumaça malcheirosa. Quando eu via papai pegar esse instrumento de tortura, já me punha a chorar. Claro que assim estragava as fotos dele, em que todo mundo sorria, menos eu, que ficava com a cara chorosa.

Tem que se dizer que a minha *nonna* tampouco era fã desse método, mas conseguia disfarçar pelo menos um pouco. Papai gastava saliva me explicando que aquilo não tinha perigo nenhum, que não fazia mal a ninguém etc. e tal. Mas eu não conseguia dominar o medo. Um belo dia, ele perdeu a esportiva. Pegou-me pelo braço e me levou para o banheiro, que era o menor local da casa. Aí começou a disparar um *flash* atrás do outro, entremeando com palmadas e dizendo:

– Sorria, puxa vida, sorria, sua covarde, sorria!

Mas eu berrava e tentava me esconder atrás do aquecedor, ou melhor, entre o aquecedor – que era grande e cilíndrico naqueles tempos – e a parede. E papai me arrancava de lá e disparava mais *flashes* na minha cara dizendo que, enquanto eu não sorrisse, ele não pararia de fazer aquilo. E me batia dizendo, como costumava, que filha de oficial de sua majestade Francisco José I não podia, não devia ser covarde.

O ar já estava totalmente irrespirável de tanta fumaça lá dentro. Eu acho que a mamãe e a *nonna* não aprovavam esses métodos radicais de educação, mas, **quando papai, que do resto era uma pessoa admiravelmente calma, ficava atacado e violento assim, ninguém ousava contradizê-lo nem chegar perto dele**. Bem, eu fiquei lá não sei dizer se horas ou minutos. Nestas ocasiões a gente não consegue avaliar o tempo decorrido. Mas finalmente me dei conta de que jamais sairia de lá a não ser que sorrisse. Também não sei de onde é que arranjei tanta força de vontade para vencer meu pânico e sorrir. Finalmente papai me

NATAL DE 1930,
A AVÓ E A NETA
PARTILHAM O
MEDO DO FLASH...

deixou livre. **Foi aí que aprendi a disfarçar qualquer medo, coisa que mais tarde, durante a guerra e as perseguições, viria a ser extremamente útil.**

Agora, vocês têm que saber que papai ficava brabo assim muito poucas vezes. Durante a maior parte do tempo, ele era muito afetuoso e dedicado a nós crianças.

Embora bastante severo, como, aliás, todos os pais daquela época, ele gostava de conversar conosco e de nos ensinar coisas. Que coisas? De tudo um pouco, pois tinha uma cultura geral bem vasta. Mostrava-nos a abóbada celeste e, acompanhando essa aula com mapas, ensinava-nos as várias constelações e suas trajetórias no céu.

Doutor em economia política e em contabilidade, dava-nos rudimentos dessas ciências. Para ele, as leis da economia funcionavam com a força das leis físicas, e não se podia ou não era prudente agir em contradição a elas, e concluía: "Não se deve fazer xixi contra o vento". O ídolo dele era Adam Smith. Papai gostava também de trabalhos manuais. Lidava com perfeição de profissional tanto com madeira quanto com ferro, e nos botava de ajudantes. Amava de paixão os esportes. Já contei para vocês que ele treinava esgrima com meu tio Ladislau, mas o que realmente gostava de praticar era remo. Diretor esportivo do clube de regatas Quarnero, treinava os remadores absolutamente de graça, por pura dedicação. Cedo levou meu irmão Giorgio a fazer parte da equipe. Adversário costumeiro deles era o clube de regata Liburnia, mas vez por outra apareciam também uns clubes ingleses para competir. Papai era remador de esquife, um barco de um remador só, com *outrigger*.

O que sei é que é preciso ter muita força, muito músculo para competir nessa modalidade. E papai hélas tinha essa força toda, o que tornava as suas palmadas realmente pesadas. Embora ele
34 mesmo não soubesse esquiar, comprou livros sobre o esporte e vinha conosco aos campos de esqui e nos ensinava o que tinha aprendido na teoria. E vocês sabem o quê? Ensinou direitinho, pois Giorgio e eu nos tornamos campeões infantis e mais tarde juvenis de esqui na nossa comarca.

Voltando às famosas surras do papai, estas duas me foram contadas por ele mesmo e mamãe, já que não me lembrava delas. Uma foi quando eu devia ter uns 3 anos e empaquei;

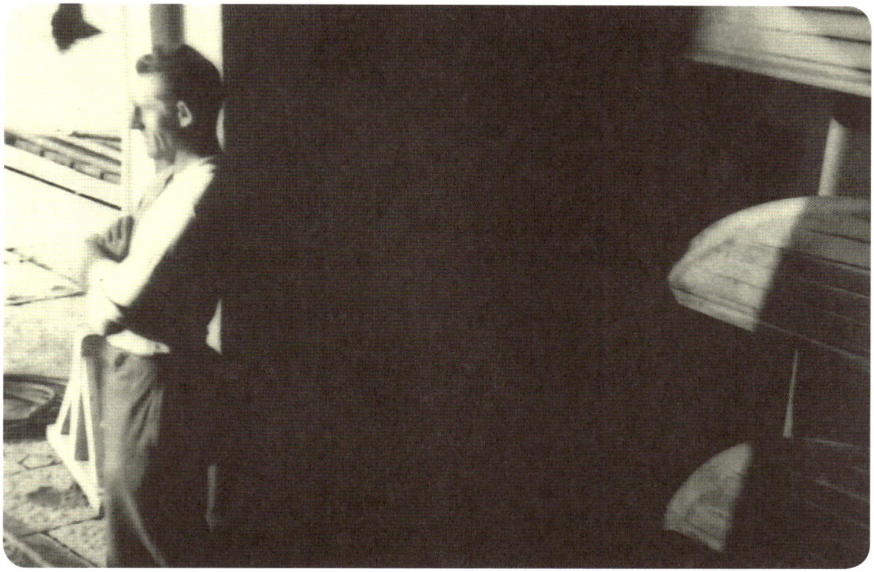

NO CLUBE QUARMERO,
UM AMIGO DE EDOARDO.

apesar de gostar tanto de água, sei lá por que não queria tomar banho de jeito nenhum. Gritava, chorava, dava pontapés na empregada e na mamãe e mordia a mão de quem ousasse me pegar.

Mamãe finalmente desistiu do banho e começou a me vestir, pois já estávamos atrasados para uma visita. Papai não tinha prestado atenção, só no final, devido ao silêncio, é que se deu conta da gritaria anterior. Aí perguntou o que tinha acontecido. Ao ser informado, ele disse que nenhuma pixota de 3 anos ia mandar na casa dele. Com isso pegou-me, me deu umas palmadas daquelas e me botou debaixo do chuveiro frio do jeito que estava, toda engomada para a visita. Mamãe quase teve um troço, porque naquela época a gente não tinha tantas roupinhas bonitas para fazer visitas, e aí eu tive de ir com uma roupa que mamãe não achou apropriada, sem contar o sapatinho de verniz preto, que ficou encharcado.

A outra surra foi ainda mais espetacular. Eu devia ter uns 4 anos e papai levou-me para uma visita às senhoritas Centis. Estas eram duas senhoras de idade e uma delas era professora do Giorgio. Eram muito boas pessoas, respeitadas e amadas na cidade, pois tinham alfabetizado quase todo mundo que contava alguma coisa em Fiume. Bom, a gente chega lá e papai diz:

– Cumprimente as titias, minha filha. – E eu:

– Não!

– Por que não?

– Porque não quero.

– Cumprimente, meu bem, uma menina bonita e educada deve cumprimentar as pessoas.

– Não!

– Vá, diga bom-dia para as titias, senão elas vão ficar tristes!

E eu firme:

– Não.

Aí as bondosas senhoras disseram para o papai não insistir que mais tarde eu ia cumprimentar, e tal e coisa. Ofereceram chá com biscoitinhos, papai conversou com elas e finalmente chegou a hora das despedidas. E eu firme: não cumprimentei porque não queria. Quando chegamos na rua, papai voltou a me perguntar por que eu não quis dizer bom-dia e até logo para as titias. E eu:

– Porque não quis.

– Mas, Norinha, uma menina bonita tem que ser educada também. Prometa-me que da próxima vez você vai cumprimentar.

– Eu não!

– Se você não prometer, eu vou te bater!

– Não prometo, não e não!

Foi aí que papai perdeu a fleuma e me deu umas palmadas.

– Você vai cumprimentar da próxima vez?!

– Não! – disse chorando. Aí papai me deu uma surra daquelas.

– Vai cumprimentar?!

– Não! – Nessa altura formou-se um círculo de senhoras chocadas em volta.

– Olha que monstro! Batendo na menininha tão bonitinha, tão pequenininha!

OS IRMÃOS
SE DIVERTEM.

– Vai cumprimentar, sim ou não?!

– Nããããão! – E lá vinha mais surra e mais lamentações das congregadas senhoras, até que papai disse que, se elas não fossem embora cuidar da vida delas, elas iam apanhar também.

Para encurtar a história, papai disse que estava quase desistindo, pois estava nessa de bater há mais de quarenta minutos e eu não cedia. Mas **ele percebeu que esta era precisamente a ocasião em que seria decidido quem é que ia mandar entre nós dois, e ele achava que não poderia ceder, para o meu próprio bem**. Por sorte eu cansei primeiro e prometi que no futuro haveria de cumprimentar direitinho as pessoas, e assim fomos para casa; eu em estado bastante lastimável, mas me refiz em seguida e de fato, desde então, cumprimento direitinho todo mundo até hoje.

Mamãe não costumava nos punir com surras, só com bofetadas, mas essas vinham rápidas e bem mais frequentes do que as palmadas de papai. Só que **os tabefes da mamãe não doíam de verdade. Tinham mais um valor simbólico do que real**. A gente ficava assustada e triste de vê-la zangada. Aliás, mesmo no caso das surras do papai, a dor moral era sempre superior à dor física. Ah, e tinha uma coisa legal: quando apanhávamos de um deles, a conta se encerrava no ato. O outro não nos punia mais. Que me lembre só houve uma única exceção. Foi o seguinte: morávamos naquela época na Via Del Pomerio, na Casa Pancera, de que já falei. Era uma construção bem rica, com fachada em pedra, e uma porção de cornijas e molduras para tudo quanto era lado. No portão, umas cariátides imponentes. Os pés-direitos mediam uns quatro, cinco metros e nosso apartamento era, creio, no terceiro ou quarto andar. Tínhamos um balcão com uma balaustrada de pedras bem torneadas.

Um dia estávamos sozinhos em casa, o Giorgio e eu, porque mamãe tinha ido ao mercado. Aí o Giorgio me diz:

– Eu vou passear do lado de fora do balcão, na beirada.

– Duvido! – falei.

– Duvida? – E, zás! Ele já trepou na balaustrada, desceu do lado de fora e começou a andar para lá e para cá segurando-se no parapeito.

Eu olhava embevecida e admirada pela "coragem" dele. Enquanto isso, lá embaixo, formou-se uma pequena multidão apavorada. Discutiam se deveriam chamar os bombeiros ou a polícia e gritavam para o Giorgio voltar para dentro do balcão. Mas meu irmão ficou mais encorajado ainda pelo repentino "sucesso" e começou a andar largando o parapeito de vez em quando. Uma vizinha correu até o mercado, procurou a mamãe e contou-lhe espavorida o que estava acontecendo lá em casa. Mamãe deve ter estabelecido novo recorde de corrida. Chegou ofegante e aproximou-se pé ante pé, mas não teve coragem de falar com o Giorgio, para não assustá-lo, pois com o susto ele poderia perder o equilíbrio e cair de lá de cima. Só quando ele entrou no interior do balcão é que ela apareceu. Agarrou-o e começou a bater nele enquanto passava-lhe o maior pito.

– Nunca mais me faça isso, entendeu? Nunca mais! – E dá-lhe palmada.

Depois veio a minha vez. Eu também apanhei por ter ficado lá que nem uma boba e ainda por tê-lo incentivado a fazer tamanha besteira. Quando papai chegou e soube do ocorrido, ficou furioso e bateu, ele também, em nós dois. **Foi um dia horroroso para a gente, mas agora, olhando para trás e pensando bem, acho que foi pior para a mamãe e o papai, coitados.** Vocês já imaginaram o susto que devem ter levado? Mas também foi a única vez em que levamos surras, e das boas, de ambos.

A última surra que levei do papai foi quando eu devia ter uns 10 ou 11 anos e foi uma espécie de tratamento de choque contra distração aguda. É que naquela época comecei a ficar superesquecida. Perdia todos os meus pertences a toda hora: luvas, cadernos, gorros, guarda-chuvas etc. Por mais que me admoestassem, eu não conseguia prestar atenção. Aliás, estava tão desligada que nem devia ter ouvido bem as reclamações de meus pais. Aí veio o último aviso – se você perder mais uma vez seja lá o que for, você vai apanhar e muito. Isso eu sabia que ia acontecer mesmo, pois meus pais nunca prometiam nada que não fosse cumprido religiosamente. Fosse o que fosse, coisa boa ou ruim, fosse uma surra ou um presente, se fora prometido, era devido. Pois bem, apesar do aviso, alguns dias mais tarde fui ao cinema com o Giorgio e meus primos Lali e Gyuri (que também é Jorge, só que em húngaro). Ao sair do cinema, esqueci lá a minha sombrinha. Quando dei por falta dela, voltamos para procurá-la, mas alguém já devia tê-la levado. Aí eu já sabia o que me esperava em casa e já fui andando e chorando. **E a surra veio certa e inevitável**

que nem o destino. Mas querem saber de uma coisa? Curei-me do ataque de distração. Não é que nunca mais tivesse perdido ou esquecido nada, pois isso ocorre com qualquer um, mas passei um bom tempo sem perder as coisas e prestando mais atenção no que me diziam.

Já da mamãe continuei levando uns tabefes com mais ou menos frequência até os 15 anos. O último foi assim: nessa altura, papai já tinha perdido seu emprego de chefe da seção de incêndios da Companhia de Seguros Fiume, devido às leis raciais (sobre isso escreverei detalhadamente mais tarde). Então mamãe começou a fazer sutiãs e cintas sob medida, profissão que ela aprendeu como recurso de emergência, pois a nossa intenção era emigrar da Itália. Mamãe tinha bastante encomendas e, para adiantar o serviço, ela me ensinou a fazer os acabamentos dos sutiãs; assim, enquanto os cortava e costurava, eu pegava os já aprontados e levava-os para a casa da tia Valéria, que morava em frente, e fazia os acabamentos na máquina dela.

Um dia, voltei da casa da tia com uma porção de sutiãs já prontos. Mamãe começou a brigar comigo porque havia demorado muito, e ela pensava que eu tivesse ficado por lá brincando. Mas dessa vez ela realmente não tinha razão. Pode ser que eu trabalhasse mais devagar do que fosse esperado, mas em compensação eu fazia um trabalho realmente caprichado. Sentia-me completamente inocente e não devo ter feito a cara compungida que ela esperava e que talvez fosse apropriada para a ocasião. Mamãe disse: "Não fica sorrindo quando estou te chamando a atenção,

PRÉDIO DA TIA VALÉRIA, NA VIALE DEL LITTORIO. EM FRENTE MORAVA, NUM PRÉDIO IGUAL, A FAMÍLIA DE NORA. NORA E SEU BICHINHO DE ESTIMAÇÃO, E BRINCANDO DE LAVAR ROUPA.

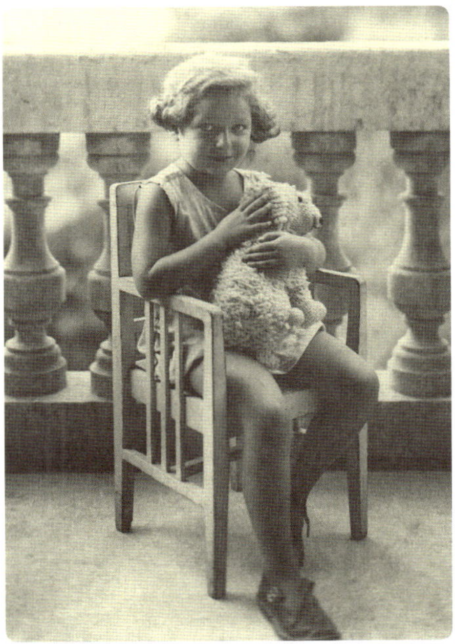

puxa!". Nessa, plaf!, já assentou a mão na minha cara. Eu fiquei deveras surpresa, porque não tive intenção de sorrir nem muito menos de ofendê-la, e até hoje não entendo o que se passou.

Para acabar este capítulo doloroso da nossa educação, resta a dizer que o Giorgio, coitado, sempre levou mais pitos, tabefes e surras do que eu. Isso porque, sendo o mais velho, era sempre ele quem tentava fazer as coisas que nós sabíamos mais ou menos que iriam dar bode. O Giorgio era também mais intrépido e empreendedor do que eu. E eu, vendo que ele se dava mal, já botava as barbas de molho e não fazia mais aquilo. De resto, nem o Giorgio recebeu tantas surras assim. **Papai tinha uma vara de cana-da-índia que ficava no topo de um armário.** Quando

GIORGIO, MUITO ELEGANTE, EM 1928.

a gente começava a se portar de maneira inconveniente, papai só dizia:

– Giorgio, puxa a vara um pouquinho mais para fora, que não a estou vendo direito.

Aí ficávamos muito bem-comportados na mesma hora. Na maioria das vezes, um olhar mais severo já fazia o serviço. Tanto assim que vocês veem que eu me lembro praticamente de todas as surras que levamos. Se fossem muitas, não daria para lembrá-las, nem fariam mais tanto efeito como de verdade fizeram.

Se nossos pais eram parcimoniosos em palmadas, também não eram pródigos nos elogios. **Eles achavam, como aliás todos os pais naquela época, que se portar bem, estudar, fazer corretamente os deveres de casa, fazer a cama da gente de maneira impecável, trazer o nosso quarto em ordem e limpo etc., tudo isso era obrigação e não precisava ser elogiado.** Eu me lembro de dois elogios que recebi e que me fizeram muito contente e orgulhosa. O primeiro aconteceu logo depois que a família mudou-se para Budapeste, portanto eu devia ter uns 7 para 8 anos. Enquanto meus pais não arranjavam apartamento para alugar, nós morávamos numa pensão em Buda. (Budapeste é constituída por duas partes separadas pelo Danúbio. De um lado Buda, e do outro Pest.) Em geral, as casas na Europa têm piso de parquete colocado sobre uma armação de madeira. Quando a gente anda, essas madeiras rangem e fazem craque-craque o tempo todo. Eu acho que em parte deve vir daí a ideia de casas mal-assombradas, pois esses pisos às vezes dão para ranger até sozinhos dependendo da umidade do ar e da temperatura do ambiente, e aí as pessoas pensam que são fantasmas passando pelos cômodos da casa. Voltando à nossa pensão, estávamos no quarto de meus pais num feriado qualquer. A estufa estava acesa e eu, sentada em frente a ela, observando o crepitar do fogo e as chamas através de uma portinhola com visor de mica, o que me deixava bem segura, tranquila e capaz de apreciar o espetáculo. Papai e mamãe estavam deitados na cama e conversávamos os três. Giorgio não estava, provavelmente devia ter ido brincar com os primos ou com amigos. A conversa foi ficando sempre mais espaçada, até que de repente me dei conta de que meus pais tinham adormecido. Fiquei com vontade de levantar e sair do quarto para ir brincar também, mas aí me lembrei de que, se eu pisasse no chão, este iria fazer craque-craque e meus pais poderiam acordar. Fiquei sentadinha em silêncio por uma hora e tanto até os dois despertarem sozinhos, quando já tinha escurecido lá fora.

– Norinha, você ainda está aqui? – admiraram-se. – Por que você não foi brincar?

– Porque fiquei com medo de que o chão rangesse ao pisar nele e fosse acordar vocês – respondi.

Foi aí que eles me elogiaram muito, dizendo que eu era uma menina muito boazinha, que tinha consideração pelos outros e tal e coisa.

Da outra vez foi também em Budapeste, mas um ano e tanto mais tarde. Eu fui convidada para uma ceia de *Seder* (será assim

GIORGIO DE "MARINARETTO".

que se escreve?) na casa do Weisz Berci, professor particular de latim do Giorgio. Nessas ceias, é tradição esconder umas raízes para que a pessoa mais nova dos convidados vá procurá-las. Bem, eu era a mais nova e acabei encontrando o pacotinho. Disseram-me que, se a pessoa encontra o que foi escondido, tem direito a pedir o que quiser. Eu sabia que o Berci era muito pobre, então não queria pedir nada, mas o Berci insistia para que eu pedisse o que quisesse – uma boneca ou um livro? Ou então um jogo tipo "Monopólio"? Finalmente pedi um ramalhete de flores que o Berci deveria dar, em meu nome, à senhora mãe dele "que teve tanto trabalho para preparar um jantar tão gostoso". E não houve jeito de me demover, de eu mudar o pedido. Quando meus pais souberam disso, também me elogiaram à beça. E foi só. Havia de vez em quando pequenas exclamações de aprovação, tipo: "Bom trabalho, minha filha!" ou "Bravo, Giorgio!"; mas nada de muito expansivo.

Como o Giorgio e eu em geral éramos bons alunos (meu irmão só não topava muito o Latim, mas era mais do que excelente em Matemática), no fim do ano, se e quando nossos boletins fossem particularmente entusiasmantes, papai e mamãe nos levavam para uma confeitaria para festejar. Em Fiume, era a Demarmels ou a Piva; em Budapeste, a Gerbeau. Mas cá estou outra vez pondo o carro diante dos bois, porque até os 7-8 anos a gente viveu em Fiume e vale a pena relembrar mais algumas coisas que aconteceram, ou melhor, aconteciam nesse período.

Lembro-me com saudades dos nossos banhos de mar. A praia de Fiume, em Cantrida, para dizer a verdade não era nenhuma maravilha, mas, quando a gente tinha pouco tempo disponível, dava para o gasto. A praia em vez de areia tinha pequenos seixos bem arredondados e de tudo quanto era cor. Apareciam também pedaços de vidro multicoloridos e bem lixados de tanto serem jogados para cá e para lá pelas ondas. O mar era absolutamente límpido e transparente. Eu gostava de catar as pedras mais bonitas e os vidrinhos coloridos de dentro d'água, só que depois de secos tanto os seixos quanto os vidros perdiam o brilho.

Entre as pedras da praia a gente via surgirem aqui e ali os famosos riachos subterrâneos, gelados de doerem os ossos do pé quando a gente pisava neles. Mamãe preparava café com leite e sanduíches em casa. **O café era posto em garrafas de vidro com tampa de pressão, que não deixavam escapar nem uma gota. Quando chegávamos à praia, mamãe enterrava as garrafas debaixo dos seixos, onde elas ficavam frias que nem numa geladeira.**

Vocês devem saber que nenhuma praia em Fiume e arredores era de livre frequência. Havia uns estabelecimentos balneários que ofereciam cabines de madeira para mudar de roupa, umas cabineiras que tinham as chaves das cabines e que tomavam conta delas, chuveiros só com água fria (e que fria!), sanitários e, no caso de Cantrida, uns lugares cimentados onde as pessoas podiam se deitar e se bronzear ao sol, pois nos seixos isso era impossível.

UM DIA NA PRAIA.

A maior parte do tempo em que não estava catando pedrinhas, eu passava nadando até ficar roxinha de tanto frio, quando a mamãe me obrigava a sair da água. Aí a gente "almoçava" os sanduíches e o café gelado que, depois do gosto salgado do mar e no calor do sol, era uma delícia.

Tendo almoçado, nós não podíamos voltar para a água durante uma ou duas horas. Devíamos deitar (no cimentado) e dormir. E aí é que estava a dificuldade. Eu tinha um vício assaz desagradável: chupava o dedo polegar. Já era "mocinha" de 4 anos e ainda chupava o dedo, especialmente antes de adormecer. Mas, como já sentia vergonha desse vício, não queria praticá-lo em público e, portanto, não conseguia adormecer, por mais cansada que estivesse. Mamãe nessas ocasiões era bastante condescendente e me cobria com uma grande toalha felpuda para que eu pudesse chupar o dedo à vontade debaixo dela.

Além dessa praia, havia em Cantrida também uma refinaria de petróleo cujo cheiro característico de alguma forma ficou associado ao banho de mar em minha memória, de maneira que até hoje esse cheiro detestado pela maioria das pessoas me dá uma sensação agradável; de repente sinto-me criança de novo. Outro ponto notável de Cantrida era a fábrica de torpedos Schwarczkopf & Whitehead (o que significa cabeça preta, em alemão, e cabeça branca, em inglês) – não é brincadeira, é verdade! **Quase todo dia eles faziam testes de lançamento de torpedos. Lá longe, no mar, havia uma plataforma flutuante para a qual os torpedos eram dirigidos e onde eles**

eram repescados. Claro que não havia explosivos nessas engenhocas, o teste era apenas para a aparelhagem de direção. Antes de lançá-los, soavam umas sirenes e aí ninguém podia passar por aquela área nem de barco nem nadando.

Pela descrição acima, vocês já devem ter sentido que a praia de Cantrida não era assim nenhuma Brastemp. Mas, saindo um pouco de Fiume, talvez só um pouco mais do que do Rio a Niterói, começava uma fileira de lugarejos com uns balneários realmente gostosos. A gente ia com o *vaporetto*, que parava em todos aqueles lugarejos: Volosca, Abbazia, Medea, Moschiena, Icici. Desses o lugar mais chique e famoso era Abbazia e geralmente era para lá que a gente ia. Em Abbazia havia dois estabelecimentos balneários: o *bagno* Angiolina e o *bagno* Savoia. Nós preferíamos em geral este último, que tinha uma praia artificial, cuja areia era defendida por um enrocamento para que o mar não a carregasse. Nessa areia havia toda sorte de balanços e apetrechos de ginástica e nela a mamãe também podia enterrar suas garrafas de café, que saíam igualmente geladinhas na hora do almoço.

E havia outra grande atração: um bar ao lado da entrada do balneário, com mesas grandes de mármore levemente inclinadas, nas quais havia umas depressões hemisféricas coloridas. A gente comprava por cinco liras (dinheiro pra chuchu) meia dúzia de bolas de mármore que a gente soltava pelo lado mais alto da mesa. As bolas rolavam e de vez em quando entravam em algumas dessas depressões. De acordo com a cor,

NA ORLA, ENQUANTO PESSOAS SE DIVERTEM, UM SUBMARINO VEM BUSCAR TORPEDOS.

elas valiam certo número de pontos, que eventualmente davam direito a prêmios. Pensando bem, esses prêmios não eram lá grande coisa, os melhorzinhos ainda eram umas bonecas de feltro Lenci – marca famosa –, mas que a gente não conseguia tirar nunca. O Giorgio e eu, porém, ficamos tão viciados nesse jogo (*Biliardo Cinese*) que já nem queríamos ir à praia, só queríamos ficar lá jogando enquanto o nosso dinheiro durasse e vendo os outros jogarem depois.

Nessa altura, papai achou que "o que era demais afinal era mesmo demais!" e nos proibiu terminantemente de pôr os pés no bar, instruindo mamãe para nos levar preferivelmente ao outro balneário, ao Angiolina. Este Angiolina também tinha lá as suas atrações. Elas começavam já a partir das cabines erguidas numa construção de madeira que entrava mar adentro. Imaginem um longo corredor, de um lado a fileira de cabines, do outro um corrimão para as pessoas não caírem n'água. Tudo isso sobre pilotis de madeira fincados no mar.

Vejam que divertimento fantástico: a gente podia transpor o corrimão e pular direto na água. Depois, a gente podia ficar em pé se equilibrando no corrimão e pular de lá. Depois a gente podia trepar pelas colunas que sustentavam o telhado até este último e pular do beiral. Isso já dava uns cinco, seis metros, dependendo das ondas e da maré. Claro que eu fazia todas as etapas, era muito invejada por uma porção de garotos que tinham medo de pular do telhado. Mas, se isso não bastasse, mais adiante, dentro do mar havia uma porção de balanços, escorregadores e trampolins. Eu gostava de me balançar alto, sempre mais alto, e depois me deixar cair do mais, mais alto dentro d'água.

Todos os balneários tinham um trecho grande dentro do mar cercado por redes de arame bem forte para que os tubarões não pudessem entrar. Era prudente ficar dentro do perímetro das redes, mas quem era da terra e conhecia as épocas em que havia e em que não havia perigo podia ultrapassar esses limites. Mamãe, Giorgio e eu muitas vezes íamos a nado de um balneário ao outro e, depois de descansar, voltávamos também nadando, o que certamente dava uns dois, três quilômetros de natação. Isto mesmo quando éramos muito pequenos, porque mamãe era uma tremenda nadadora e, se a gente fraquejasse, podia descansar nas costas dela e ela continuava a nadar assim mesmo.

Mas isso para ela era café pequeno. Lembro-me de uma aventura em que foi realmente heroica. Nós tínhamos um barco muito bonito de madeira envernizada, fabricado na Inglaterra pelo mesmo estaleiro que fornecia os barcos de regata para o clube Quarnero. Nosso barco, o "Taifun", servia em geral para mamãe nos levar a passear, pois papai treinava sempre nos barcos do clube.

Às vezes, íamos com ela para o lado da costa iugoslava, na direção oposta a Abbazia. Nessas paragens havia ainda muitas prainhas completamente desertas. A gente atracava o barco numa delas, fazia um lanche, brincava na areia, ou melhor, nos seixos, e tomava banho. Na volta de uma excursão dessas, fomos surpreendidos por uma terrível tempestade em alto-mar. Apesar

BARCOS NA ORLA.

de ser uma baía, o Golfo Del Quarnero era famoso pelas tempestades violentas que em algumas ocasiões punham a pique até os grandes navios. Essas tempestades se formavam de uma hora para outra e muitas vezes não era possível prevê-las.

Foi uma dessas que nos pegou, e mamãe, apesar de excelente remadora, teve o maior trabalho para posicionar o barco de maneira que ele não fosse emborcado pelos vagalhões sempre mais altos e fortes. O vento soprava furioso, o céu escureceu, era de meter medo em qualquer um. Não em mamãe. Pelo menos, ela não deixou transparecer nenhuma sombra de apreensão ou medo.

Ficamos horas assim, mamãe lutando com as ondas e por isso mal podia avançar na direção de casa. Uma onda mais poderosa, num dado momento, arrancou-lhe um dos remos da mão e da forquilha do barco em que se apoiava, carregando-o com ela. **Mamãe não teve dúvida: recomendou-nos que deitássemos no fundo do barco e não nos levantássemos por razão nenhuma, e aí jogou-se ao mar e foi nadar atrás do remo naquelas ondas enormes.**

Demorou um tempo, mas voltou com o remo perdido, entrou no barco (não foi fácil com aquelas ondas) e continuou a remar. Era quase noite quando chegamos ao delta do Recina, perto de onde começava o dique quebra-ondas do porto de Fiume. Quase no fim desse dique é que se encontrava o hangar do clube Quarnero e onde deveríamos deixar o Taifun. O dique media um bom quilômetro e meio.

CENAS DOS PORTOS.

Para evitar contorná-lo, mamãe queria utilizar uma pequena passagem debaixo de uma ponte. Nesta havia um soldado iugoslavo que nos gritou algo como *"jensca ne"* não sei o quê. Mamãe disse que ele proibia a passagem. Parece que mulheres não podiam passar por lá, só Deus sabe por quê.

Mamãe insistiu, pediu, mostrou as mãos ensanguentadas, mas não houve maneira de demover o energúmeno. Ele apontou a espingarda para a gente e ia dispará-la se não fôssemos embora. Pelo que aconteceu recentemente na Bósnia, vocês podem sentir que o desgraçado teria mesmo matado a gente se mamãe insistisse. Assim pois, a coitada teve que enfrentar o mar revolto por mais um quilômetro e meio até poder entrar no mar calmo atrás do dique. Quase comparável à valentia de mamãe foi a resistência do nosso bravo barquinho, que não nos deixou na mão naquela situação. Demonstrou ser estável e muito bem construído.

Além do balneário, havia várias ótimas diversões em Abbazia. Havia um excelente parque com grandes árvores, sebes de louros e uma espécie de casa de cultura ou casa para turistas. Em frente a esta, tinha uma pracinha circular com um coreto, bancos e cadeiras em volta. Era frequente acontecerem concertos de bandas no coreto e sempre havia bom público para assisti-los. Mas o que mais interessava a nós crianças é que nessas ocasiões distribuíam-se folhetos de propaganda de restaurantes, bares, lojas, cabeleireiros etc. Todos os folhetos tinham mais ou menos o mesmo tamanho e cada um era de cor diferente: havia brancos,

UMA TARDE
DE DOMINGO
NO QUARUERO.

azuis, amarelos, cor-de-rosa, verdes, lilases etc. Nós adorávamos esses papeizinhos e fazíamos coleções deles.

No mesmo parque havia também um teatro ao ar livre, onde à noitinha representavam-se óperas. Essas representações eram pagas, mas, como o teatro era limitado apenas por uma cerca de arame farpado e de sebes, **nós sempre arranjávamos buracos para entrar sem pagar, e as óperas eram deslumbrantes**.

Ah, e entre as atrações não podemos esquecer a banca de jornal logo à entrada do parque. Nessa banca, vendiam-se cartões postais, revistinhas, principalmente *Il giornale dei piccoli,* do qual gostávamos feito uns fanáticos, mas também se vendiam linhas para pescar enroladas em pedaços de cortiça, que nós chamávamos de *togna*, e conchas muito apreciadas pelos turistas. Além disso, tinha ioiôs, bonequinhas, boias infláveis em forma de patinho, jacaré e outros brinquedinhos que nos faziam parar um tempão para admirar até que a mamãe nos arrancasse de lá à força.

E o atracadouro! O atracadouro do *vaporetto*! Este tinha uns pilotis de madeira até o fundo do mar, que lá deviam alcançar uns seis, sete metros. O Giorgio e eu gostávamos de mergulhar junto ao atracadouro porque a gente se segurava nos pilotis para descer até o fundo, onde se podiam pescar conchas muito bonitas e grandes.

Nosso primo Lali, que vinha passar as férias de verão em Fiume (ele morava em Budapeste), não conseguia mergulhar de jeito nenhum. Botava a cara na água, mas aí o bumbum subia à tona; era de morrer de rir. Bom, o Lali ficava fulo porque nós conseguíamos pescar aquelas conchas maravilhosas e ele não conseguia nada. Um dia veio se vangloriar de que havia pescado uma concha maior do que as nossas. Só que a dele estava toda lixada, mostrando o interior de madrepérola. Era evidentemente uma daquelas que se vendiam no quiosque do jornaleiro. Aí é que nós rimos do coitadinho de verdade. E a concha havia mesmo sido comprada no quiosque pela tia Elvira, que ficou com pena dele.

Até agora só falei do verão e do inverno. Mas na primavera tampouco faltava diversão. Desde cedo, quando a neve começava a derreter no campo, a gente ia fazer grandes passeios com meus pais. Eu gostava de colher ramalhetes de flores. Bem ao lado das manchas de neve que ainda persistiam no verde-claro da grama nova ou até no marrom da terra ainda nua, cresciam umas florzinhas brancas chamadas de *buca-neve* (fura-neve, não sei o nome em português dessa flor). Estas eram as primeiras a aparecer. Logo em seguida despontavam as violetas, depois os *mughetti* (lírios-do-vale, se não me engano) e uma porção de outras flores.

No outono, o Giorgio e eu colhíamos folhas amareladas e avermelhadas que depois passávamos a ferro para conservá-las do jeito que estavam, e fazíamos decorações colando-as em papéis brancos ou coloridos, de acordo com a tonalidade das folhas.

Em contrapartida a todos esses momentos idílicos, havia a friagem no inverno, as tempestades no mar, como a que já relatei aqui, e os ventos. Pois é, os nossos ventos eram terríveis; eram dois. A bora e o *scirocco*. A bora soprava no inverno e vinha das

NORA E SEU
PRIMO LALI.

montanhas em direção ao mar. Ela tinha tanta força que destelhava as casas. Uma vez pegou o telhado de um hotel (o Hotel Europa), deu algumas voltas com ele pelo ar e depositou-o em seguida inteirinho uns cinquenta metros adiante, sobre os trilhos do trem. Foram meus pais que me contaram isso, porque eu não era nascida ainda quando aconteceu. Mas eu mesma sofri muitas vezes por causa da bora.

Nossas aulas começavam às 7h da manhã e a gente ia a pé até a escola, porque na nossa época não existia ônibus escolar. Por isso, tínhamos que sair de casa às 6h15, no máximo às 6h30. Ainda era escuro no inverno e frequentemente nevava e soprava a bora. **Aí a neve pegava no rosto da gente como se fosse um jato de areia e em poucos minutos lixava a pele e a gente ficava sangrando.** Bem que eu tinha echarpes que puxava para cima para cobrir o rosto, mas volta e meia o vento as arrancava e eu ia lutando com ele o tempo todo.

Nos edifícios à beira-mar, havia cordas presas nas paredes para a gente se segurar e não ser jogada n'água. Não sei bem como é que os prédios não paravam a força do vento. Acho que talvez a direção dele não fosse absolutamente perpendicular àquelas construções e, por ele vir de cima das montanhas, os edifícios não eram suficientemente altos para impedi-lo.

Desde criança até a adolescência, tinha um pesadelo recorrente. Eu me via olhando pela janela a tempestade no mar. Entre as ondas enormes, aparecia um navio branco estranhíssimo com forma cilíndrica e vários conveses, espécie de Torre de Pisa.

O navio era jogado para cá e para lá como um João-teimoso, e eu ficava aflita temendo que ele soçobrasse. Pensava comigo que devia haver muitas pessoas a bordo, que elas estariam em perigo de vida e que a gente deveria fazer algo para salvá-las. Mas fazer o quê? Aí ficava tão aflita que acordava com o coração batendo forte, forte.

A bora tinha tanta força que derrubava os trens de cima dos trilhos. Por isso, aos lados daqueles que passavam pelas montanhas ao descer em direção a Fiume, foram construídos enormes muros quebra-vento, com dois, três metros de espessura. Quando íamos esquiar, os nossos caminhões e ônibus passavam por um trecho nas montanhas que se chamava Passo della Morte. Vocês podem imaginar por quê. Pois uma vez, eu era ainda bem pequena, talvez tivesse 6 anos, quem me levou para esquiar foi um sr. Raczenberger, marido da "tia" Nelly, amiga da mamãe. Esse cara era um alemãozão alto e abrutalhado, dono de uma loja de lustres.

Quando chegamos ao famoso Passo della Morte, o ônibus não pôde prosseguir, primeiro porque o passo estava fechado por um deslizamento de neve, e segundo porque, mesmo que conseguisse passar pela faixa estreita que sobrava, a bora o jogaria precipício abaixo. Assim pois, tivemos que prosseguir a pé, carregando os esquis e nos segurando nos arbustos do lado do caminho e uns nos outros.

Estávamos ainda a uma hora ou hora e meia de caminhada até o refúgio. O sr. Raczenberger começou a brigar comigo para que eu andasse mais depressa, mas eu não conseguia acompanhar

GIORGIO, O SR. E A SRA. RACZENBERGER E IOLANDA COM NORA NO COLO.

as largas passadas dele, primeiro porque as minhas pernas eram mais curtas, segundo porque para mim era mais cansativo tirar as pernas afundadas na neve em cada passo do que era para ele, que afundava relativamente menos. No fim **ele se aborreceu e me largou lá sozinha no meio do caminho. Eu fui andando, andando até que me senti muito cansada e sonolenta**. Aí me sentei num toco de árvore na beira do caminho... de repente, fui acordada por uma porção de gente que me dava tapinhas no rosto, me esfregava com neve e me fazia perguntas sobre quem eu era e com quem eu teria vindo. Explicavam-me que a gente não devia sentar nem adormecer porque poderia morrer congelado. Este era um grupo de esquiadores que veio com o ônibus seguinte e que também teve que parar no Passo della Morte. Foi com esse grupo que prossegui até o refúgio. Eles ficaram furiosos com o sr. Raczenberger, que ficou furioso comigo.

O *scirocco* não era tão forte quanto a bora e soprava do mar em direção à terra. Era um vento meio morno e extremante enervante. Em época de *scirocco*, todo mundo andava com os nervos à flor da pele. **No código penal, era considerado condição atenuante em casos de brigas, agressões e até mesmo assassinatos. Por esse motivo, quem tivesse um desafeto esperava até o *scirocco* aparecer para tentar eliminá-lo.** Pessoalmente não posso dizer que esse vento me tenha afetado tão profundamente, era apenas muito chato.

Esquematizando a porção da minha vida passada na Europa, poderia dizer que ela dividiu-se em três partes: primeiro, até os

IOLANDA, NORA, GIORGIO (ESQ.); OS TAUSZ (ESQ., ABAIXO); UMA REUNIÃO DE FAMÍLIA (ABAIXO).

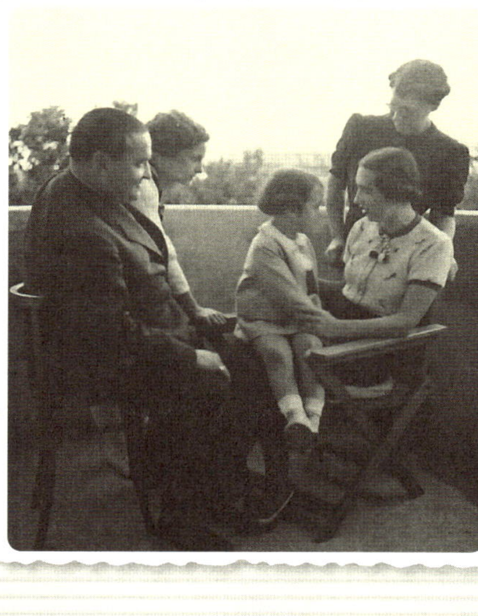

7 anos em Fiume. Depois, dos 7 aos 11 anos em Budapeste, e finalmente de novo em Fiume dos 11 até os 17, quando emigramos para o Brasil.

Até agora, excetuadas pequenas digressões, só falei, isto é, escrevi sobre a primeira fase. Lá para o fim desta, quando tinha 6 anos, papai, que normalmente fazia viagens de inspeção às filiais do Istituto Nazionale delle Assicurazioni, de quem era funcionário via Cia Assicurazioni Fiume, encontrou numa delas, a Companhia Astra de Seguros, em Budapeste, umas falcatruas federais. **Do presidente da companhia até o último boy do escritório, eram todos corruptos.** Depois que alguém morria, eles procuravam a viúva, convenciam-na a fazer um seguro "retroativo" do defunto para ela e dividiam a indenização irmãmente entre todos.

Faziam isso também depois de incêndios e vários outros desastres. Meu pai despediu na hora todo mundo, moveu processo contra os diretores e começou a reorganizar sozinho a companhia. Normalmente ele voltava em alguns dias de cada uma dessas viagens, fosse para Viena ou para qualquer outra cidade. Mas, desta vez, não voltou. Telefonou que ficaria algumas semanas. Aí ele veio por alguns dias e voltou correndo para Budapeste, dizendo que teria de ficar mais um ou dois meses. Vez por outra, vinha passar uns fins de semana conosco, mas depois voltava para Budapeste.

É compreensível, pois ele teve que procurar pessoal novo, treiná-lo etc., enquanto geria a firma praticamente sozinho. De qualquer modo, mamãe começou a perder a paciência, especialmente porque, pelo que eu soube mais tarde, **começaram a circular certos boatos sobre a boa vida de alto executivo charmoso e "quase" solteiro que papai levava lá em cima.**

Assim pois, ela aproveitou a vinda dele e pediu para o papai ficar conosco enquanto ela ia visitar sua irmã Ella (a mãe do Lali), casada com um ginecologista, o tio Estevão (Pista), em Budapeste. Ela deve ter pesquisado e descoberto as traquinices do papai, porque na volta rodou a baiana e exigiu que o instituto pagasse a mudança da família toda para a Hungria.

Nessa semana, em que ficamos sozinhos papai, o Giorgio e eu, também ficamos sem empregada. Por isso, como eu era a única "mulher" dentro de casa, tive que fazer o almoço todo dia. Mas eu só sabia limpar e fritar peixinhos, então ficamos a semana inteira comendo *sardelize* (pequenas sardinhas fritas) com salada de rúcula e *radicio* (é como chamava-se em Fiume o *radicchio*, que não sei como é em português), de que eu gostava e gosto muito até hoje. Se papai e o Giorgio ficaram contentes, não sei, mas não se queixaram e comeram numa boa a gororoba servida por mim.

O instituto não teve como negar o direito de mamãe de acompanhar seu marido. Pagaram sem chiar a nossa mudança e foi assim que, no verão de 1931, toda a nossa família mudou-se para Budapeste. Agora surgiu um problema: **nós crianças não sabíamos falar húngaro, só italiano. A bem dizer, nem italiano falávamos direito, apenas fiumano, que era o veneziano de duzentos**

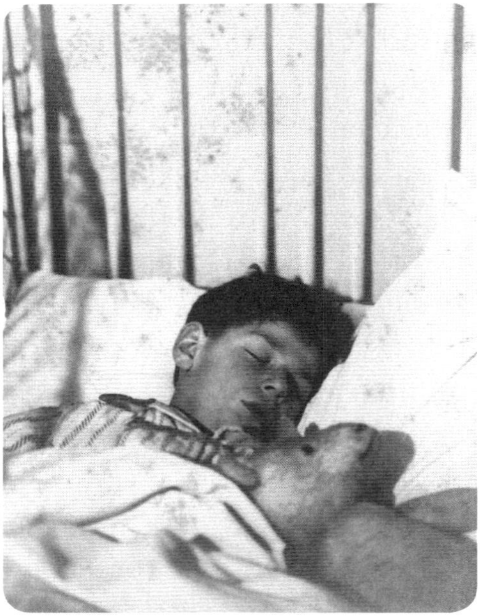

GIORGIO E NORA
DORMEM COM SEUS
BRINQUEDOS
DE ESTIMAÇÃO.

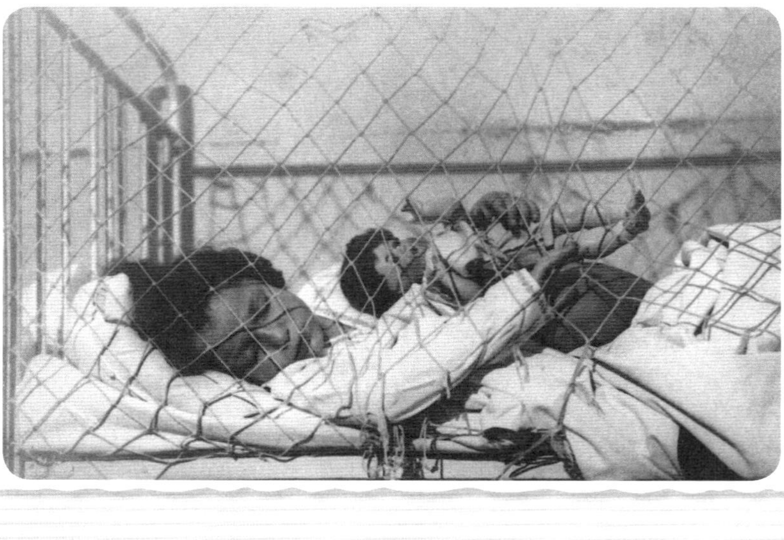

anos atrás. Ambos compreendíamos algo do que nos diziam em húngaro, o Giorgio mais do que eu, mas responder, só respondíamos em fiumano. Como é que iríamos enfrentar a escola no início das aulas em setembro, depois das férias? O meu irmão, vá lá, ainda era recuperável, mas eu certamente iria ser um desastre; tinha acabado o primeiro ano do primário com nota 10 e "distinção" em tudo na Itália, e como iria reagir se fosse obrigada a repetir o primeiro ano desta vez na Hungria? Aí a tia Elvira teve uma ideia: ela tinha uma cozinheira, empregada de confiança oriunda da aldeia de Nógrádveröce, junto ao rio Danúbio. Meus pais podiam, em confiança, me mandar veranear com a família dela.

Embora fossem todos uns campônios toscos, eram boa gente e tinham a vantagem de não entender uma palavra de italiano. **Se eu quisesse qualquer coisa, teria que fazer um esforço e me exprimir em húngaro, não haveria outro jeito.** E assim foi feito. Expediram-me para Nógrádveröce e lá fiquei por dois meses. Por minha sorte havia nessa família uma porção de crianças da minha idade, com quem logo me entendi às mil maravilhas.

Íamos todo dia à praia, à beira do Danúbio, praia esta inteiramente diferente das que eu conhecia em casa. Primeiro, a água era barrenta e doce. Segundo, acontecia um fenômeno interessantíssimo: toda vez que passava algum navio de maior porte, fazia com que as águas do rio se retirassem num trecho muito largo. Aí a gente corria pelo leito seco quase até a metade e, quando as águas voltavam, a gente pegava jacaré até a verdadeira margem. Eu deitava e rolava nessa brincadeira. Se não nos chamassem para o almoço, seria capaz de ficar lá brincando até o anoitecer. E havia também as conchas um tanto diferentes das nossas, mas bem grandes e bonitas. Se a casca escura fosse raspada, por dentro elas eram de madrepérola igual às do mar. De tarde, depois de dormir (era obrigatório para nós crianças), a gente brincava no quintal, onde havia árvores boas de a gente escalar ou armar balanços. Também havia toda sorte de bichos: cachorros, gatos, galinhas, patos, gansos, porcos... enfim, era uma delícia! Tenho apenas uma lembrança desagradável dessas minhas férias. Desagradável, não, horrível! As crianças mexiam muito comigo, me achando educada demais, civilizada demais, ignorante demais das coisas do campo, enfim, "fresca" demais. Eu fazia de tudo para negar esses meus defeitos. Um dia me desafiaram a presenciar a matança de uma galinha.

– Você não tem coragem – diziam.

Eu argumentava que coragem eu tinha, apenas não gostava, pronto! Mas tanto insistiram que finalmente topei. Gente, eu assisti de verdade, sem mexer nem uma sobrancelha; depois passei mal à beça, mas longe delas. **Assim conservei meu prestígio e "bom nome" e me livrei de presenciar as outras matanças** de patos, gansos e outros animais, que volta e meia aconteciam por lá.

Ao cabo de dois meses, voltei para Budapeste e, surpresa!, estava falando húngaro direitinho. **Aprendi sem nem me dar conta disso.** Na escola, a diretora e a professora desconfiadas não queriam me inscrever no segundo ano. Queriam que eu repetisse o primeiro. Diante da insistência de mamãe, resolveram me submeter a um teste, no qual passei sem dificuldade e, assim, fui inscrita no segundo ano. Findo este ano, tirei nota 1 em tudo, com louvor, já que na Hungria a melhor nota era 1 e o mérito ia decrescendo até 5, que reprovava. Quatro permitia fazer exame de recuperação.

Giorgio, no entretempo, foi aprendendo húngaro em casa e também conseguiu prosseguir seus estudos sem entraves. Além da escola, mamãe deveria encontrar uma professora de piano para mim. Em Fiume, eu estudava com a minha prima Marta, que havia estudado piano com a esposa de um grande pianista da época, Moritz Rosenthal, mas em Budapeste deveriam contratar aulas com alguma professora igualmente boa. Mamãe pensou logo numa amiga dela, Tenczer Annuska, mas esta declinou dizendo que só pegava alunos adultos. Recomendou, porém, outra senhora, chamada Kály Mária, ex-aluna da professora Varró Grete, muito famosa naquela época. Mais tarde, a "tia" Annuska, seu marido e seu pai, Weisz Hugo, ficaram superamigos nossos e ela arrependeu-se demais de não ter topado me ensinar. Mas aí já era tarde, pois não ficaria bem ela me tirar da "tia" Mária, que também gostava bastante de mim e era ótima profissional.

Tia Annuska morava numa casa, melhor dizendo, num palacete belíssimo em Római Fürdö, não muito longe de Budapeste, mas que já tinha características de lugarejo de veraneio. Só havia lá pequenas casinhas e palacetes com lindos jardins. As ruas arborizadas, as praças floridas eram uma maravilha. O mais importante é que tinha uma grande piscina assertivamente feita ainda pelos romanos. Toda ela era de madeira e recebia água corrente de um rio, que entrava de um lado e saía pelo outro. Se bem me lembro, seu desenho era irregular e havia uma pequena

ponte também de madeira que a atravessava. Na beira, grandes árvores faziam sombra e se espelhavam nela. Foi a piscina mais bonita que já conheci, mas também era fria de morrer congelado, porque nunca pegava sol devido àquelas árvores.

Muitos e muitos fins de semana eu passei na casa da tia Annuska. Ela não teve filhos e se apegou a mim como se fosse filha dela. Fazia todas as minhas vontades, brincava comigo, costurava roupas para a minha boneca e, sim, até estudava piano comigo. O tio Hugo tratava do jardim e me botava de ajudante. Eu devia regar as dálias. Cada pé de dália era plantado no meio de um buraco e eu devia regar a planta até encher o buraco de água. Eu gostava mesmo. Sentia-me muito importante fazendo aquilo.

O tio Hugo era engenheiro, fazia rádios, isto é, ele trabalhava numa fábrica de rádios, mas em casa, como *hobby,* mantinha no porão uma grande oficina, em que mexia nos rádios. Um dia contou ao meu pai que o rádio que estava na sala dele era o mais poderoso e mais moderno do mundo. Pegava a Europa inteira sem um ruído sequer, enfim, era a última palavra em matéria de rádio. Meu pai disse:

– Eu sei de um ainda mais moderno e poderoso do que este.

– Onde? Onde? – quis saber meio incrédulo o tio Hugo.

– No teu porão – falou papai, brincalhão.

Eu gostava de passar as noites também na casa da tia Annuska. Meus pais me deixavam lá na sexta à noite e vinham me buscar no domingo à noite. Lá eu tinha um quarto só para mim. De minha cama, deitada, eu via os ramos das árvores, a Lua no céu e ouvia os grilos cantando e um ou outro latido de cão ao longe. De madrugada, eram os galos que cantavam... era maravilhoso, tão diferente dos barulhos da cidade. **Hoje, quando vou ao sítio, vejo e ouço coisas parecidas, com quase 90 anos, me invadem a memória aquelas mesmas sensações, como se, de repente, voltasse a ter 7-8 anos.**

Também fico bastante triste na mesma hora, porque me lembro da tia Annuska e do tio Hugo e do modo terrível como morreram, assassinados pelos nazistas. O marido da tia Annuska, o sr. Tenczer, também foi morto na mesma ocasião, eu apenas me lembro menos dele porque trabalhava muito, até em fins de semana, e assim convivi menos. Mas papai e mamãe me contaram que era muito boa gente.

Ele tinha bem mais idade do que a tia Annuska. Na verdade, tinha sido amigo do tio Hugo e conheceu a tia Annuska ainda criança. Aí a tia foi crescendo, crescendo até se tornar uma jovem deslumbrante. O sr. Tenczer (infelizmente não me lembro do seu primeiro nome) apaixonou-se por ela, mas não tinha coragem de se declarar, tendo em vista a enorme diferença de idade entre os dois. Então a tia Annuska conheceu um moço muito bonito, por quem se apaixonou e com quem acabou se casando.

Mas o moço revelou-se um grande cafajeste ordinário, que só se casou por causa do dinheiro, pois ela pertencia a uma família, se não propriamente rica, seguramente remediada.

Pois o moço desde o início do casamento maltratava a tia Annuska. **Quando ela ficou grávida, batia nela, chutava-a na barriga etc. Chegou a hora de ela dar à luz. Ele mandou que ela se virasse e fosse a pé para a maternidade.** Tia Annuska não contou nada ao pai. Não sei se não quis entristecê-lo ou talvez ele tivesse desaprovado o casamento desde o início e ela não quisesse dar o braço a torcer. Bem, o neném, coitado, de tanto chute que ela havia levado na barriga, morreu dentro de um, dois dias, ainda na maternidade. O marido cafajeste mandou de novo que ela se virasse e fosse para casa como pudesse. Aí a tia Annuska não resistiu mais e contou tudo ao pai, quando este veio visitá-la no hospital.

Tio Hugo não teve dúvidas, não deixou que a filha voltasse para a casa dela. Pegou-a, levou-a consigo e iniciou na mesma hora o processo de divórcio. Foi aí que o velho amigo tomou coragem, confessou que amava Annuska há anos e pediu-a em casamento. Viveram felizes desde então, até morrerem juntos, quando os assassinos da "cruz flechada" (*nyilaskeresztesek*) invadiram o palacete e mataram os três.

Além desses amigos e de muitos outros, vivia em Budapeste um casal, os Déry: tio Sándor (Alexandre) e tia Irénke (Irenezinha). Eles eram os melhores amigos dos meus pais. Tio Sándor foi colega de turma do meu pai durante oito anos e tia Irénke apegou-se muito a mamãe. Os Déry vinham quase todo verão para Fiume passar algumas semanas conosco. Quando nos mudamos para Budapeste, passamos a encontrá-los todo fim de semana para darmos grandes passeios ou, às vezes, até fazermos verdadeiras excursões de dois, três dias, quando acontecia algum feriado mais longo. Nessas ocasiões juntavam-se a nós os Fejér. O Giorgio e eu adorávamos os tios Déry e eles retribuíam muito mesmo o nosso afeto. Eram nossos segundos pais. Tio Sándor me punha em seus joelhos e fazia cavalinho comigo, apesar de eu ser já bastante pesadinha e, enquanto me jogava para cima e para baixo, exclamava *"Nórici"* bem alto, de uma maneira tão cômica que me fazia rir. Já os Fejér não gozavam de grande popularidade conosco, as crianças. Primeiro, porque nos ignoravam solenemente e só reparavam na gente para nos passar pitos, do tipo "Anda mais depressa, sua lesma!" ou "Iolán, se estas crianças pararem a toda hora para colher flores, nós vamos chegar à Gugger *hegy* (montanha Gugger) à meia-noite!".

Além de tudo, o tio Fejér tinha um chapéu de feltro cinza que parecia manchado de cinza mais escuro, completamente ridículo, com uma pena espetada num lado, ainda mais ridícula. O chapéu estava repleto de *pins* de clubes e lugares visitados por ele. Talvez na cabeça de outra pessoa ficasse menos acintoso, mas na cabeça do sr. Fejér era realmente antipático. Segundo, porque ao decidir para onde é que iríamos excursionar, **o tio Fejér era sempre muito prepotente e queria que todo mundo aceitasse a sua opinião**, e a opinião dele contrariava infalivelmente os nossos

OS TAUSZ COM
SEUS AMIGOS DERY

mais secretos desejos. Não sei como é que o tio Fejér chegava a adivinhar para onde é que nós crianças não gostaríamos de ir, pois não éramos nós que propúnhamos os lugares. Mas os tios Déry davam sempre palpites bem interessantes e nossos pais também. Eram lugares onde os refúgios e os mirantes tinham brinquedos para crianças. Já os Fejér nem por acaso iriam sugerir um lugar assim. Muitas vezes nossos pais e os tios Déry cediam à vontade do tio Fejér em prol da paz e da harmonia, e aí a gente se dava mal.

Uma amiga do papai e da mamãe bem interessante era a tia Bianca. Esta era chapeleira e fazia uns chapéus incríveis, sempre da última moda, para a minha boneca. Mas, de resto, pouco se interessava pela gente. Ela geralmente vinha visitar meus pais à noite, entregava a eles os chapéus, uma vez que naquela hora nós já tínhamos que deitar e ficar no nosso quarto. Outra amiga era uma vedete superbadalada chamada Fejes Teri. Na época, a peça em que ela era a estrela levava o título de *"Mit mászkálsz meztelenül?"* (Por que você anda pelada por aí?). E fazia o maior sucesso, mas também não é de se admirar, pois era muitíssimo bem-apanhada, muito alegre, desinibida e divertida.

Por fim, devo mencionar uma pessoa que mais tarde iria influir bastante na vida do papai e da mamãe: a secretária particular do papai na Companhia Astra. Chamava-se Keszthelyi Lenke, e tanto ela quanto o irmão Tibi eram secretários do papai. A Lenke era bem vistosa, ainda jovem, mas com o cabelo grisalho, e era muito simpática conosco. Toda vez que íamos ao escritório do papai no *Klotild Palota* (Palácio Klotild), a Lenke arranjava para mim uns papéis bonitos, coloridos às vezes e, isto é importante, novos, sem nada escrito em nenhum dos lados. Arranjava também canetas, lápis, borrachas, elásticos, clipes, enfim, uns tesouros incríveis. Era gostoso ir visitar o escritório do papai. Pena que não podíamos fazer isso a toda hora.

Bem, mas voltando à nossa chegada em Budapeste, como contei já havíamos conseguido entrar para a escola, mamãe havia arranjado a professora de piano, Kály Mária, para mim, mas faltava ainda conseguir apartamento para morar. Provisoriamente, morávamos numa pensão em Buda, de que já falei para vocês. A vantagem dessa pensão é que se encontrava muito próxima das margens do Danúbio. Nessas margens, havia enormes montes de areia que as dragas depositavam lá e que cresciam a olhos vistos. Já imaginaram que beleza que era brincar nessa areia? Qualquer tempinho que tínhamos, saíamos correndo para os montes de areia, onde havia também montes de crianças que tornavam ainda mais gostosas as brincadeiras.

Só que um dia aconteceu uma coisa horrível. Ainda bem que nesse dia a gente não estava lá e não presenciou a tragédia: **um dos montes desmoronou e sepultou uma menina. Até que conseguiram tirá-la de lá de baixo, a garota morreu asfixiada. Desse dia em diante, fomos proibidos de brincar nos montes de areia.** Mas também logo em seguida arranjamos apartamento e nos mudamos da pensão.

O apartamento era na Tavaszmezö *utca* (rua Campo Primavera), oitavo distrito (Budapeste era dividida em distritos, que no Rio chamaríamos de bairros). Nossa tia Elvira morava nesse distrito, na József *körút* (avenida circular José), e mamãe compreensivelmente queria ficar perto da irmã. Ademais, nosso apartamento se encontrava quase em frente do ginásio Zrinyi Miklós, que seria a escola do Giorgio. O nosso prédio constava de dois blocos: um dava para a rua e o outro dava para um jardim interno. Nosso apartamento dava para o jardim interno, localização esta muito melhor do que se desse para a rua, pois era mais silencioso e a vista era de plantas e não de paredões cinzentos.

Havia apenas um inconveniente: uma estufa defeituosa na sala de jantar. Já contei para vocês que nas construções antigas havia estufas (de cerâmica ou de ferro) fechadas, onde a lenha ou carvão levavam mais tempo para queimar do que nas lareiras nas quais queimavam ao ar livre. Com o tempo, desenvolveu-se uma verdadeira arte de construir estufas. Havia profissionais, digamos mestres estufeiros, que construíam autênticas obras de arte em matéria de estufas, começando pela forma que deveria propiciar a maior quantidade de calor com o menor investimento de energia e acabando pelas cerâmicas que cobriam as estufas. Algumas delas são admiradas até hoje em museus e castelos Europa afora. Pois a nossa estufa era um modelo simples, coberto de cerâmica verde-água lisa, mas até que era agradável de se olhar. Já quanto ao funcionamento... A geringonça infernal era dada a explodir de vez em quando soltando fumaça e cinzas por todos os poros, quero dizer, pela beirada da portinhola, pelas frestas das cerâmicas, pelas juntas do cano de ventilação etc.

Vocês podem imaginar como é que ficávamos, nós e a sala, depois de cada uma dessas explosões. E a mamãe, coitada, tinha um trabalho de cão para limpar tudo, inclusive a gente. Várias

vezes ela se queixou ao papai, que nunca presenciou um evento desses, e pediu que ele reclamasse junto à administradora do prédio para que mandassem consertar o diabo da estufa.

Naquela época, essas coisas eram tarefa dos homens. Se mamãe reclamasse, ninguém a levaria a sério, ninguém daria a mínima bola. Papai prometia que iria tomar providências, mas depois se esquecia e ficava tudo na mesma. Até que em um belo dia, aliás, uma bela noite, estávamos todos, papai, mamãe, o Giorgio e eu, reunidos em volta da mesa posta para jantar. Mamãe trouxe a sopa, serviu e, de repente, pum! A estufa caprichou mesmo. Lá estávamos nós que nem fantasmas após a erupção do Vesúvio em Pompeia, todos cobertos de cinzas. As sopas e o resto da mesa também, tudo em volta era um cinzume só.

Pela primeira vez, mamãe desandou a rir toda contente porque finalmente papai havia tido uma demonstração prática do que vinha acontecendo há tempos. Papai ficou furioso e de fato no dia seguinte já lá estavam os operários desmontando a estufa, que depois de consertada nunca mais explodiu.

Mas se vocês me perguntassem qual foi o acontecimento mais divertido da minha juventude, eu diria que foi uma noite de Ano Novo que passamos na casa do tio Samuel. Ele e Tia Lídia moravam bem ao lado da Igreja dos Franciscanos, onde havia um lance de escadas com um patamar no meio, de onde se abria o portão do edifício deles, que era chiquérrimo. O apartamento era gigantesco, mas, diga-se de passagem, eles precisavam de muito espaço, pois tinham quatro filhos. A sala era muito, mas muito ampla mesmo.

O edifício era construído à moda antiga, em que a alvenaria sustentava os andares subsequentes, ou seja, não havia colunas de concreto e vigas. Assim as paredes eram bem grossas, justamente para sustentar o peso dos andares superiores. Por isso, as janelas abriam a partir de vãos bem profundos (que se tornavam menos espessos a cada andar), que na altura do apartamento do Tio Samuel, tinham cerca de uns 70 cm. As cortinas que fechavam os vãos eram de veludo cor de vinho, pesadas, imponentes como convinha àquele ambiente formal. As paredes tinham papel de parede também cor de vinho, com desenhos dourados. Nessas paredes estavam pendurados, como numa galeria, os retratos de nossos antepassados, pintados a óleo, olhando-nos com a devida severidade.

Nessa ocasião, a Tia Lídia havia preparado uma mesa enorme, para o casal, os quatro primos, a minha *nonna,* papai, mamãe e nós dois, com pratos de porcelana com borda em ouro e azul cobalto, cálices do mais fino cristal, talheres de prata todos entalhados, toalha de renda de Florença delicadíssima, guardanapos de linho e acabamento em renda, monogramas bordados na toalha e nos guardanapos, travessas de porcelana e bandejas de prata, tudo muito elegante.

No final do lauto banquete, Tio Samuel ofereceu um vinho champanhe rosé caríssimo, que era fenomenal, segundo ele, que entendia muito de vinhos – pois claro, ele era justamente importador e exportador de vinhos e tinha uma cave no porto de Fiume, e evidentemente em casa também possuía uma coleção respeitável de garrafas! Acontece que a expertise dele em champanhe e vinhos não era propriamente como consumidor, mas sim como comerciante, pois era muito austero. Não consigo imaginá-lo numa farra, por exemplo. Assim, seu consumo de champanhes (bebida festiva por excelência!) se limitava a ocasiões muito especiais. Já meu pai, que era dado a festas, conhecia champanhes do ponto de vista do consumidor.

Papai se dispôs a abrir a garrafa e começou o processo cuidadosamente, envolvendo a garrafa num guardanapo, juntando todos os cálices para ficarem bem abaixo do gargalo da garrafa na hora em que a rolha saltasse, e girando a dita cuja com muito vagar e calma. Tio Samuel, que era mais velho que papai e sempre o tratava com a superioridade que os dezoito anos de diferença lhe conferiam, ficou muito irritado com o que ele percebia como falta de jeito, e exclamou:

– Me passa aqui essa garrafa, senão a gente só vai brindar no ano que vem!

Papai, todo gentil, disse “Pois não, disponha”, entregou a garrafa e ao mesmo tempo começou a dar marcha a ré até chegar ao primeiro vão de janela, onde se abrigou prudentemente atrás de uma das cortinas. Mamãe e nós, crianças, ao vermos o nosso líder fazer aquilo, nos apressamos em imitá-lo e lentamente nos encaixamos no próximo vão.

Tio Samuel, forte e impaciente como era, arrancou a rolha de uma só vez. Essa explodiu e o champanhe rosé começou a jorrar da garrafa como se fosse um repuxo. Tio Samuel em pânico tentava tapar a garrafa com a palma da mão, o que só piorou as coisas, O champanhe passou a ter mais força ainda e espirrar em tudo quanto era direção, principalmente na cara da Tia Lídia e na cara dele mesmo e nas feições sisudas de todos os antepassados que pareciam ter um olhar ainda mais reprovador do que de hábito. A toalha branca de renda ficou empapada e manchada e as cortinas de veludo pingavam nos tapetes persas. Nunca vi sair tanto líquido de uma garrafa só. A gente tinha a impressão de estar diante de um truque de cinema, porque o jato colorido não parava nunca!

Claro que nós caímos na risada e mamãe ficava dando uns beliscões para a gente calar a boca, mas quanto mais ela beliscava, mais Giorgio e eu ríamos. Parecia um filme de comédia daqueles bem bobos. Até porque Tio Samuel, pomposo que era, parecia um pouco, ele mesmo, um personagem de comédia. Era a cara do Sargento Pincel, aquele personagem que só viríamos a conhecer no Brasil.

Mas voltando ao nosso apartamento, sua grande vantagem era, como já disse, ele estar situado quase em frente ao ginásio do Giorgio. Nessa escola, **havia um enorme pátio que no inverno era transformado em ringue de patinação no gelo. Era fácil obter um ringue assim em qualquer terreno plano; era só regá-lo bastante com água que congelava na mesma hora.** Nós crianças sempre tínhamos carteirinhas para frequentar a pista de patinação à vontade. As carteirinhas eram baratinhas, de

A FAMÍLIA REUNIDA (DA ESQUERDA PARA A DIREITA): PRIMO UGO, TIA LYDIA, TIO SAMUEL, EDOARDO, PRIMA ANA, *NONNA* ROSA (COM NORA NO COLO), PRIMA IRENE, GIORGIO, IOLANDA, PRIMO ERNESTO.

maneira que não impunham grandes sacrifícios financeiros aos nossos pais e resolviam brilhantemente a nossa diversão durante o inverno todo.

Outra vantagem era que o Giorgio só precisava atravessar a rua e já estava na escola. É verdade que a minha nova escola tampouco ficava muito longe, era só descer pela rua até a escola de aplicação na praça Maria Teresa, onde frequentei o quarto primário. No mapa esquemático, 1 é o nosso prédio, 2 é o Zrinyi Miklós Reálgimnázium (escola do Giorgio), 3 é a minha escola, 4 é o novo apartamento para onde a gente acabou se mudando dentro de um ano (eu ainda estava naquela escola), 5 é um mo-

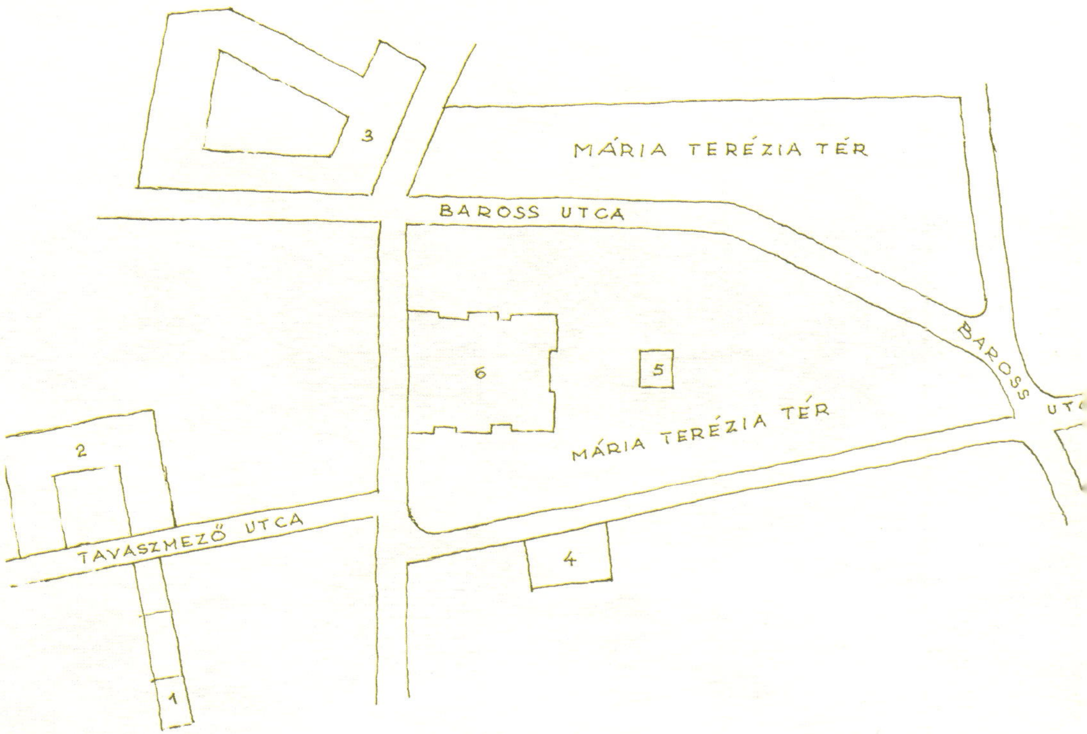

numento à Rainha Maria Teresa que deu nome à praça e 6 é uma igreja cuja torre de sinos estava exatamente em frente à janela do nosso quarto no novo apartamento.

Esse apartamento da praça era em tudo melhor do que o da rua Tavaszmezö, mas só tinha um defeito: quando os sinos da igreja tocavam, parecia que eles estavam dentro do nosso quarto. Que digo! Parecia que tocavam na cabeça da gente. O quarto tremia e a gente vibrava por dentro; era uma sensação realmente penosa, doía nos ouvidos.

Para ir da nossa casa à casa da tia Elvira, na József Kövút, passávamos pela Baross Utca. Nessa rua, havia uns transformadores subterrâneos, aliás todos os transformadores em Budapeste eram subterrâneos. Estes da rua Baross em particular estavam numa cava que tinha umas janelas a nível do chão.

Dessas janelas, sempre saía uma misteriosa luz azulada, meio fantasmagórica, um ar morninho e um cheiro esquisito, difícil de descrever, parecido com o cheiro das lâmpadas ultravioleta com que os europeus tentam se bronzear por falta de sol e de praia no inverno. **Quando o frio apertava, as janelas dos transformadores enchiam-se de gente. Eram pobres que moravam na rua e que, se não existissem aquelas janelas, certamente teriam morrido congelados.**

O quarto ano da escola primária teve uma importância enorme na minha vida. Grande parte do que sei, e principalmente a noção de como é que a gente estuda, eu aprendi naquela ocasião com o professor dr. Kovacsics József, aliás *vitéz* Kovacsics

József. Esse título de *vitéz* (valente, corajoso) se outorgava a combatentes da Primeira Guerra Mundial, muito condecorados e que fossem "arianos", isto é, não judeus. Em geral, eram suspeitos de serem nazifascistas, mas o "tio" Kovacsics não era nada disso. Ele era um superprofessor; ensinava na faculdade aos alunos de magistério como é que a gente ensina crianças. Todo sábado, vinha outro jovem dar aula para a gente e o tio Kovacsics os ouvia, sentado num dos bancos da última fileira. Os moços e as moças ficavam muito nervosos e atrapalhados. Suponho que, depois das aulas, o tio devia explicar-lhes o que acertaram e o que erraram em suas aulas, mas a isso nunca nos foi dado assistir. O resto da semana era o tio Kovacsics que nos ensinava, e que ensino divertido, interessante, até diria empolgante, ele nos oferecia!

Além de tudo, eu era a "queridinha" dele e ele nem ao menos disfarçava esse fato. Acontece que a mulher dele também se chamava Nora e parte do grande afeto que lhe dedicava irradiava para mim, devido ao meu nome. Na Hungria, festeja-se mais o "dia do nome", isto é, o dia do santo com o nome da gente, do que o aniversário propriamente dito. Ora, não existe nenhuma santa Nora, só santa Eleonora ou Dinora. **Por isso, meu pai teve que enfrentar uma verdadeira batalha de meses de duração até que na Itália concordassem em me registrar como puramente Nora, sem o "Di" ou o "Eleo", já que lá só se permitia registrar nomes de santos para as crianças.** Pois a mulher do tio Kovacsics também era apenas Nora, mas eles festejavam o "dia do nome" dela no Dia de Santa Eleonora.

Uma vez, neste dia, o tio me trouxe um lindo buquê de flores e chamou para a escola um garoto cigano mais ou menos da nossa idade, para que ele tocasse violino para mim. Na Hungria, os cavalheiros pagam aos ciganos para tocarem as músicas preferidas das damas. Eu fiquei supercomovida com isso e a turma toda, interessadíssima no violino, achando um barato o fato de o garoto saber tocar qualquer música que a gente pedisse. Depois o garoto me emprestou o violino para eu tentar tirar algumas notas e – pasmem! – eu descobri como tocar uma escala e consequentemente tocar *"Szeretnék szántani"*, que é a musiquinha mais simples do mundo, mas não deixa de ser uma canção: *"Szeretnék szántani, hat ökröt hajtani ha a rozsám jönne az ekét tartani"*. Tradução: "Gostaria de arar, tanger seis bois, se o meu bem viesse segurar o arado".

Como os meus colegas não conseguiram nem isso e o ciganinho declarou que eu levava jeito, meu prestígio ficou muito alto naquele dia e o tio Kovacsics ficou muito contente comigo. Mas ele ficava contente comigo sempre, porque de fato eu era muito esforçada. **Estudava tudo que ele mandava estudar, caprichava na letra e na limpeza dos meus cadernos, enfim, fazia de tudo para merecer sua aprovação. Acho que estava apaixonada por ele.** Trinta anos depois, quando pela primeira vez voltei para a Hungria com o vovô Paulo, tentei encontrar o tio Kovacsics. O regime ainda era ditatorial, comunista. Eles queriam muito nos agradar. Disseram: "Vamos trazer o professor Kovacsics de bandeja para a senhora". Mas não conseguiram, o tio Kovacsics já havia morrido pouco depois de perder a tia Nora, no fim da Segunda Guerra Mundial. Deve ter morrido de desgosto, o coitadinho.

Quando me "formei" do quarto primário, lembro que mamãe, em vez de ficar contente com o meu excelente boletim, ficou meio triste e disse: ai, meu Deus, não tenho mais filhos no primário! Fiquei pasma: eu estava tão orgulhosa e contente... Vim a compreendê-la uns trinta anos depois, mas aí já era tarde, não pude lhe dizer isso. Inscreveram-me em seguida no Veres Pálné Leány Gimnázium, não sem certa dificuldade. Aquele ginásio era um dos melhores de Budapeste, se não o melhor, e portanto era muito procurado. Além disso, ninguém podia escolher a escola. Devia frequentar a que ficasse mais perto de sua moradia. Isso em princípio, pelo menos. Mas se a gente tivesse padrinhos bem poderosos, às vezes conseguia escolher, como bem mostra o meu exemplo. Leány Gimnázium quer dizer Ginásio de Meninas. Pois é, naquela época, meninos e meninas frequentavam ginásios separados. O Zrinyi Miklós, a escola do Giorgio, por exemplo, era só de meninos. O meu ginásio, sem brincadeira, era frequentado pelas filhas da fina flor da sociedade budapestense, isto é, pelas meninas cujos pais eram suficientemente importantes para arranjarem pistolões. Mas havia naturalmente também crianças que lá estavam apenas por morarem nas cercanias. As professoras eram todas umas damas muito finas e educadas, e pretendiam que nós fôssemos assim também. A chefe de turma (na Europa em geral, toda turma tinha um professor responsável, que era o "chefe" daquela turma), tia Erzsi (Elisabete) era professora de educação física. Ela gostava muito de mim, porque eu levava bastante jeito na matéria dela. Havia ainda tia Luiza (História e Geografia, se bem me lembro), tia Mária (Húngaro e Alemão) e a terrível supersevera Rozsáné Gruben Júlia (Matemática). Esta era bem mais velha do que as outras tias e não admitia brincadeiras. Todas tínhamos certo medo dela, mas mesmo assim eu tirei 1 em Matemática, assim como em todo o resto também. No fim do ano, saí em negrito no boletim geral da escola, o que era uma distinção deveras notável.

As matérias em geral eram bem dadas, menos talvez o Alemão. Durante o ano todo só aprendemos canções como *"Röslein Röslein Röslein roth Röslein auf der Heide"* ou a *"Lorelei"*. A inabilidade dos húngaros para ensinar e aprender alemão deve ser uma defesa instintiva de um pequeno povo de uns 10 milhões de habitantes, sobrepujados e pressionados por vizinhos agressivos de fala alemã, vizinhos estes que chegavam a pelo menos 90 milhões.

Vovô Paulo me contou que, quando era criança, seus pais importavam babás da Alemanha para que os filhos aprendessem alemão. Ao cabo de dez meses, no máximo um ano, a babá falava impecavelmente o húngaro, mas nenhuma das crianças sabia uma palavra sequer de alemão. Aí os pais remetiam a moça de volta para casa e importavam outra fresquinha, que não soubesse nada de húngaro. Anos a fio essa brincadeira se desenrolava da mesma forma e as crianças só vieram a aprender alemão bem mais tarde, quase adultas. A tia Eva, por exemplo, nunca chegou a aprender direito. Seu alemão, pelo que me contava o vovô Paulo, era miserável, abaixo de qualquer crítica.

Voltando ao ensino na Hungria, havia algo de muito triste nele: após a Primeira Guerra Mundial, nos tratados de paz, a Hungria foi muito injustiçada. Ela pagou o pato pela guerra que a Alemanha começou e a Áustria continuou. No entanto, essas nações não perderam nada de seus territórios, enquanto a Hungria, sim. Tiraram-lhe dois terços do seu território, que foram distribuídos entre os vizinhos, inclusive a Áustria, muito mais culpada pela guerra do que a Hungria. Em consequência disso, os húngaros ficaram tremendamente deprimidos, ressentidos e revoltados. **Em todas as escolas, ensinavam o ódio aos vizinhos e a esperança de um dia se vingarem e reconquistarem sua terra perdida. Imaginem o que é crescer a vida toda ouvindo *slogans* de ódio e vendo os adultos superdeprimidos!** No Ano-Novo, à meia-noite, todas as rádios tocavam o hino nacional, que é muito triste. Aí todos os húngaros se levantavam, ficavam imóveis em pé e choravam... Todos mesmo. Até o vovô Paulo fazia isso. Eu sempre senti como se a Hungria inteira estivesse sob uma pesada capa de chumbo. De resto as escolas deles são muito, muito boas. Tem que se dizer que são melhores do que as italianas. Pois é, as italianas... Mas isso eu conto daqui a pouco.

Durante o tempo em que estivemos em Budapeste, brincamos regularmente com nossos primos Lali (de quem já falei: o da concha comprada em Abbazia) e Gyuri, filho do tio Laci (aquele que esgrimia com papai no tempo de solteiro, por intermédio do qual mamãe e papai se apaixonaram e se casaram). Lali era bom menino, o tipo CDF. Estudava no colégio dos beneditinos e queria ser padre. Enquanto no quarto dos adolescentes de hoje há *pcsters* de roqueiros e estrelas de cinema, no do Lali tinha quadros de santos. Vocês hoje colecionam figurinhas da Barbie e outras que tais. O Lali colecionava santinhos e relíquias. Sabem o que são relíquias de santos? Por exemplo: uma pitada de terra do túmulo do santo ou um pedacinho do tamanho da unha do dedo mindinho da túnica em que a santa foi trucidada ou queimada viva. (Eu sei, eu sei que a túnica teria queimado junto, mas por isso é que santo é santo.) Essas relíquias vinham coladas nas figurinhas dos santos que, além do desenho do próprio, traziam uma oração muito eficiente para obter a proteção dele ou vinham com a descrição do martírio dele, ou outra coisa do gênero. Pois o Lali tinha um montão dessas figurinhas. O Giorgio e eu não acreditávamos na autenticidade dessas relíquias, pois, se cada bom aluno de colégio de padres tinha um pedaço da tal túnica, ela deveria ter sido do tamanho, isto é, da extensão de toda a Europa no mínimo, não é? E as pitadas de terra dos túmulos? Que túmulos seriam esses, do tamanho do monte Everest? Mas o Lali não se dava por vencido. Achava-nos uns "idiotas da objetividade", como mais tarde Nelson Rodrigues viria a definir gente como nós.

A "bonzice" do Lali às vezes era irritante. Quando íamos ao cinema, por exemplo, ele levava o livro de latim "para estudar durante os intervalos". Sim, naquela época havia intervalos,

IOLANDA, NORA
E GIORGIO COM
UM CASAL AMIGO.

como se fosse teatro ou concerto. Isso porque eles precisavam de tempo para mudar os rolos de filme nas máquinas de projeção. Agora vocês imaginem como é que nós ficávamos:

– Estão vendo? O Lali, sim! O Lali estuda até nos intervalos do filme, não é como vocês que a gente ainda tem que mandar estudar.

Quando não vinha sermão, vinham olhares significativos, com o mesmo sentido. Fora essa faceta irritante, o garoto era bonzinho mesmo. Era de boa paz, não brigava com a gente, não nos pregava peças, concordava quase sempre com os jogos escolhidos por nós e não trapaceava de jeito nenhum. Ainda por cima era meio desajeitado para subir em árvores, pular de degraus altos (tinha medo), pular corda... enfim, para qualquer brincadeira legal. **Assim nós podíamos nos sentir bem superiores.**

Já o Gyuri era safado mesmo. Fazia artes e depois mentia dizendo que tínhamos sido nós. Pregava-nos peças absolutamente nojentas, como esmagar moscas entre as páginas do nosso caderno, botar água dentro do nosso sapato para dizer que havia feito xixi ali e coisas desse tipo. Quando ele cresceu, continuou sendo um tipo abominável, que não se dava nem mesmo com seus próprios pais. Durante a guerra, ele foi levado a um campo de concentração nazista. **Quando os americanos ocuparam o campo (não sei se foi Dachau ou Auschwitz), encontraram-no num monte de cadáveres. Ele parecia um cadáver (pesava 28 quilos), mas os americanos perceberam que ainda havia um fiapo de vida naquele montão de ossos.** Por curiosidade científica, resolveram tentar salvá-lo e conseguiram. Ele não ficou 100%, parece que ficou com problemas nos rins, mas deu para recomeçar uma vida normal. Casou-se e logo depois do nascimento de um filho divorciou-se da mulher, que rejeitou o garoto. Ele levou o filho neném para os pais cuidarem. Vinha vez por outra visitar o filho e passear com ele. Aí casou-se pela segunda vez. Isso na época em que houve a Revolução Húngara contra os comunistas e em que centenas de milhares de húngaros aproveitaram a bagunça para dar o fora de lá. Ele não falou nada para os pais. Foi buscar o menino para "levá-lo a passear" e sumiu com ele e a segunda mulher. Nem se despediu deles e tirou-lhes o neto que eles tinham criado até aquela idade (parece-me que 4 anos). Vocês podem imaginar como é que os velhos ficaram arrasados.

O Lali, coitado, teve pior sorte. A Rózsi, uma empregada que estava há vinte anos na casa da tia Elvira e que o viu nascer, denunciou-o aos nazistas por ser judeu. Quando ele vinha para casa, os vizinhos o avisaram de que os nazistas estavam atrás dele, queriam levá-lo para um campo de concentração. Aí o Lali não voltou para casa, mas foi para o convento dos beneditinos, em cuja escola estudara desde pequeno, e pediu asilo. **Os padres o rejeitaram ofendidos, dizendo que eles não praticavam atos "ilegais". Era contra a lei dar guarita a judeus.** Assim pois, o menino se meteu no mato, escondendo-se ora aqui, ora ali.

Nesse período, conheceu uma menina igualmente "foragida" (se bem me lembro, de nome Edith) e passaram a se esconder juntos. Finalmente, porém, foram pegos pelos nazistas. O Lali acabou num campo de concentração onde já se encontravam quatro primos nossos, filhos do tio Américo (lembram? O caçula dos irmãos da mamãe). Esses rapazes eram autênticos "gângsteres", mas autênticos mesmo, daqueles que, quando discutiam negócios, o faziam com a pistola na mesa, na frente de cada um.

Meu tio Américo só não estava lá porque, sendo ele mesmo meio "gangsteroso", tantas fez que teve de fugir para a Austrália ainda antes do advento do nazismo na Europa. O que foi que ele fez? Bem, foi assim: como já contei, Fiume era o único porto marítimo da Hungria, inteiramente separado do resto da nação e em termos europeus bastante longe dela. Para incentivar as exportações, o governo húngaro ressarcia as despesas de frete ferroviário das mercadorias exportadas da Hungria através do porto de Fiume. Era suficiente apresentar as notas fiscais do transporte e as notas de embarque nos navios para receber de volta o dinheiro da Companhia de Estradas de Ferro Húngara. Essas notas fiscais chamavam-se *"Refakcia"*. O tio Américo aparecia regularmente com as *Refakcias* para cobrar os ressarcimentos, que não eram pouca coisa. Acontece, porém, que ele não exportava coisa nenhuma, nem transportava coisa nenhuma pela Companhia de Estradas de Ferro Húngara. As *Refakcias* eram todas falsificadas. **Mas vocês sabem que tanto vai o cântaro à fonte até que um dia quebra.** E foi fugindo a mil, com a polícia nos calcanhares, que o tio Américo acabou na Austrália, salvando-se assim da perseguição posterior dos nazistas.

Mas, voltando aos quatro Irmãos Metralha (infelizmente, meus primos), eles procuraram o Lali e disseram que iriam fugir naquela noite, e que se ele quisesse poderia ir com eles. Esse gesto é a única graça salvadora deles, razão pela qual eu ainda confesso, mesmo que envergonhada, o parentesco. O Lali, bom menino e apavorado que era, recusara a oferta, mas pediu que, se conseguissem, avisassem a tia Elvira que ele tinha vivido maritalmente com a Edith, que a amava e a considerava sua mulher. Que se a mãe dele conseguisse encontrá-la, que cuidasse dela como filha. Esta era sua última vontade.

Os quatro conseguiram de fato fugir. Como, eu nem sei, pois esses campos eram circundados por uma dupla cerca de arame farpado. Entre as duas cercas, havia uma faixa de terreno sem nem um fio de grama, absolutamente descampado, no qual volta e meia havia torres de vigia com holofotes que iluminavam as cercanias.

Como é que qualquer ser humano normal poderia fugir de uma situação dessas? Mas eles conseguiram, pelo que também, julgamentos morais de atitudes prévias à parte, admiro-os muito até hoje.

Foram em seguida procurar a tia Elvira e contaram-lhe tudo sobre o Lali. Este morreu mesmo no campo de concentração, mas a tia Elvira conseguiu encontrar a Edith, que sobrevivera a tudo. Adotou-a como filha, completou sua educação e a assistiu até ela casar com um pequeno fazendeiro húngaro, a quem tia Elvira aceitou como genro. Quando houve a tal revolução na qual meia Hungria deu no pé, a Edith e seu marido também fugiram para o Canadá, mas com o consentimento da tia Elvira, com quem continuaram se correspondendo. Sei que mais tarde a tia até visitou-os uma ou duas vezes. Os dois se deram muito bem por lá, onde continuaram na profissão dele, de fazendeiro.

Voltando a épocas menos trágicas, lembro-me de um Natal que passamos na casa da tia Elvira. O apartamento dela era bem maior do que o nosso, porque junto havia também o consultório do tio Pista. O pé-direito era pelo menos de uns quatro metros e meio, o que permitia que armassem árvores de Natal descomunais. Eram tão grandes que os ramos de baixo pareciam troncos de tão grossos e suportavam com facilidade laranjas e tangerinas penduradas como enfeite. Não havia lampadazinhas naquela época, mas velazinhas de tudo que é cor e pequenos castiçais que se prendiam sob pressão nos ramos. Havia também uns foguinhos lança-estrelinhas, que se penduravam na árvore. **Eram maravilhosas essas árvores, mais perfumadas, mais imponentes e mais místicas ou misteriosas, devido às velinhas e também à nossa ingenuidade.** Até com 7-8 anos, ainda acreditávamos que elas eram trazidas pelos anjinhos.

Neste Natal de que me lembro de repente, o enfeite de papel de uma das balas pegou fogo, devido a uma vela próxima demais. Claro que essa bala estava pendurada num dos galhos mais altos, quase no teto. A bala incendiou o ramo acima dela e num instante estava todo o topo da árvore em chamas. O pessoal trouxe rapidamente uma escada bem alta, alguém subiu nela e o resto trazia baldes e tinas d'água para a pessoa jogar de lá de cima, e assim conseguiram apagar o fogo. Mas ficou todo

mundo bem assustado. Infelizmente, não me lembro quem é que subiu na escada.

Nessas ocasiões, havia sempre muita gente na casa da tia Elvira. Primeiro estava ela, o tio Pista, o tio Gróf (Gróf Bácsi, pai do tio Pista), o Lali, a empregada, o tio Laci, sua mulher Flóra, o Gyuri, meu pai, mamãe, Giorgio e eu, fora um ou outro sobrinho do tio Pista e mais alguns amigos de passagem em Budapeste que não tinham famílias na cidade.

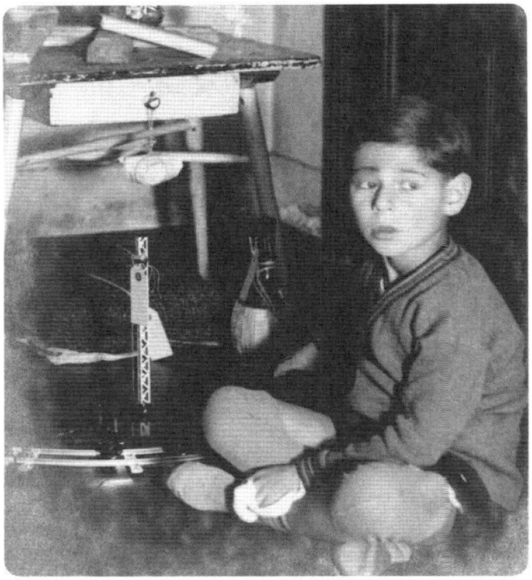

CENAS DE NATAL
EM FIUME.

Mas houve Natais que a gente festejou na nossa casa mesmo. As árvores, naturalmente, eram menores do que as da tia Elvira, mas ainda assim bem maiores do que as que armamos aqui no Brasil, onde, mesmo desconsiderando o problema do pé-direito mais baixo, nem querendo encontraríamos árvores iguais às da Europa, seja em tamanho, seja na resistência dos galhos. Eu gostava mais desses natais nossos, em que só estávamos nós: papai, mamãe, o Giorgio, eu e eventualmente alguma empregada. Acho que o Natal tem que ser uma festa bem íntima, bem familiar. Além do mais, nunca gostei de grandes aglomerações, de confusão etc. É, bem... também não gostava muito da tia Elvira, que me obrigava a comer umas carnes de porco muito, mas muito gordurosas, feitas com muita banha por aquela Rózsi (a empregada que mais tarde denunciou o Lali).

Eu detestava carne e principalmente carne gordurosa, mas a tia me obrigava a comê-la à força com ameaças e bofetões. Eu comia, corria para o banheiro e vomitava tudinho em seguida. A tia argumentava com meus pais, dizendo que eu vomitava de propósito, de ruim que eu era e que não se podia deixar que uma criança ficasse escolhendo as comidas etc. Meus pais também tentavam me forçar a comer, mas, pelo menos, tiravam as gorduras das carnes e nunca me batiam por não comer, só diziam que eu era muito feia quando chorava, e papai trazia a máquina fotográfica para tirar foto minha chorando, para eu ver como ficava feia.

Também não gostava da tia Flora e aí devo confessar que nem tinha qualquer motivo racional para desgostar dela, a não ser que a julgava feia e burra. Vocês já devem saber da minha antipatia pelo primo Gyuri e aí compreenderão porque é que sempre gostei mais de nossos Natais íntimos estritamente familiares. Muito mais tarde vim a saber que a tia Flora (muito fofoqueira) tinha sido a culpada por uma briga entre meus pais (de ciúmes da mamãe), que amargurou a vida dela e chateou o papai para o resto de suas existências. Talvez eu sentisse algo inconscientemente, quando antipatizava tanto com ela. Oportunamente contarei a história toda. Por enquanto, para dirimir dúvidas: mamãe não tinha ciúmes da tia Flora, que era um horror, mas, devido a uma fofoca dela, tinha ciúmes da secretária do papai, da Keszthelyi Lenke, **ciúmes estes que infelizmente nem eram injustificados, só que "o que os olhos não veem o coração não sente"**, e a tia Flora não tinha nada que se meter.

Depois que acabei o primeiro ginásio, mudamos todos de volta para Fiume. Isso ocorreu porque em 1935 o governo húngaro decidiu que o diretor de companhia de seguros não poderia mais ser cidadão estrangeiro: teria que ser húngaro. O instituto queria então que papai se naturalizasse húngaro, mas papai não quis. Assim ele teve que voltar para a *Assicurazioni Fiume*, onde foi dirigir a seção de incêndios.

Eu tive que repetir o primeiro ginásio, já que na Hungria não se ensinava Latim para as meninas, só a partir (se bem me lembro) do quinto ginásio, enquanto que na Itália, desde o primeiro ano (que era misto e não separado por sexo), havia 8 (oito!!!) horas de Latim por semana, porque em dois dias havia duas horas seguidas. Além do Latim, eu deveria fazer exame de adaptação de Italiano (claro, na Hungria ensinava-se língua húngara), de Geografia (na Hungria, a Geografia referia-se àquele país) e de História, pelo mesmo motivo. Enquanto a língua estrangeira no ginásio húngaro tinha sido o Alemão, na Itália era o Francês. Daí vocês podem sentir a barra que seria estudar cinco matérias novas em dois meses de férias para depois fazer exame de "adaptação".

Repeti, portanto, o primeiro ginásio e **desde o primeiro dia de aula começou para mim um período de sofrimentos e humilhações que até hoje não consigo esquecer nem ao menos superar inteiramente.** A chefe de turma, professora de Latim, Italiano, Geografia e História, era uma megera chamada sra. Capriotti *née* (nascida) Dolencz. Ela era alta, loura e todo mundo a achava superbonita, mas eu a via horrível. Ela se especializou em me perseguir. Ela me perseguia de verdade, a ponto de mandar eu me levantar e proferir uma série de ofensas, tipo "fedorenta", "falsa", "hipócrita", "imbecil" etc., e a turma toda ria de mim.

– Eu te dou um pontapé que você voa até a América! – berrava... Até que nisso ela acertou. Acabei mesmo vindo para a América, do Sul, é verdade, mas não deixa de ser continente americano.

Brincadeiras à parte, foi um dos períodos mais sofridos da minha vida. Eu chorava e chorava baixinho, debaixo do edredom para o pessoal não ouvir, e acabava sempre acordando com dor de cabeça. O Giorgio às vezes me ouvia chorar e vinha me consolar, mas eu não conseguia suportar as perseguições dela. Essa moça era a mais velha das seis ou sete filhas de um limpa--chaminés viúvo, e ela teve que substituir a mãe na educação

das irmãs mais novas e no trabalho doméstico, pois, como é sabido, limpa-chaminés (*spazzacamino* em italiano) não são pessoas ricas, não podem ter empregadas domésticas. Também não são pessoas com escolaridade muito alta; corresponderiam aqui aos garis. Foi sem dúvida com muito esforço que essa moça conseguiu se formar professora. Mas, por mais que se esforçasse, jamais conseguiu passar no exame de estado que a confirmaria como professora.

Na minha época, ela tinha acabado de ser reprovada pela oitava vez. Talvez por causa da frustração, talvez mesmo por causa da falta de educação familiar, ela era vulgar, vociferante, tinha linguajar chulo. Enfim, era o oposto das verdadeiras damas que foram minhas professoras na Hungria. Se fosse permitido, meu pai teria me mudado de escola ou no mínimo de turma. Mas isso na Itália era totalmente impossível. Você tinha que frequentar a escola e a turma que as autoridades escolares determinavam, e não havia pistolão que tirasse você de lá.

Papai foi à escola falar com a Dolencz, para saber o que estava se passando, assim como um pai consciente que controla os filhos e tal. Mas ela disse que eu era uma menina "adorável", que ela "gostava muito de mim". Aí papai não pôde fazer nada e chegou a pensar que talvez eu fosse sensível demais. Eu estudava que nem uma condenada, mas nunca consegui mais do que 6 (as notas iam de 0 a 10), e com 5 já estaria reprovada. Só de Francês e de Matemática, lecionados por outros professores, eu tirava de 8 para cima. Até na ginástica, que era ensinada por ela, eu tirava 6, quando era notória a minha habilidade nesse campo, e sempre tinha sido a "queridinha" de todos os meus professores de ginástica, treinadores etc.

Havia uma teoria na família que relacionava essa perseguição ao fato de eu ser uma Tausz. Isso porque os meus dois primos, filhos do tio Samuel, o Ernesto e o Ugo, tinham sido alunos dela e parece que foram péssimos elementos, que infernizaram a vida dela. Assim pois, ela estaria se vingando em mim, que era meiga, disciplinada e não saberia reagir como os meus primos.

Fosse como fosse, **no segundo ginásio eu cheguei a pensar em suicídio. Pensava seriamente: cortar os pulsos, pular de uma torre?** Pular no mar e nadar, nadar, nadar para fora até me afogar. Ridículo, não me afogaria nunca, nadava bem demais. As outras modalidades metiam-me medo por causa da dor, que como é sabido eu não suporto bem, aliás, nunca suportei a dor. Mas se as coisas continuassem daquele jeito seguramente eu teria me matado. Por minha sorte e desgraça mundial, **o ditador da Itália, Mussolini, fez um tratado de amizade com o da Alemanha, Hitler. Para agradar a este último, fizeram uma lei na Itália pela qual toda criança judia ou de descendência ju-**

dia foi proibida de frequentar as escolas "para com sua mentalidade podre não corromper as crianças arianas". Foi esta lei que me libertou das garras da Dolencz.

A gente podia se apresentar para os exames de fim de ano, mas nenhum professor podia dar aulas particulares a crianças judias sob pena de perder seu emprego. Como não havia escolas particulares na Itália, se um professor perdesse o seu emprego, estaria frito. Mas nisso também tive sorte, porque a minha prima Ana (irmã do Ernesto e do Ugo) era casada com um excelente professor de Matemática, o dr. Pasquale Uva, em família chamado de Lucio.

O Lucio era "ariano" do sul da Itália, de um lugarejo de nome Lecce. Eu ia para a casa da Ana e o Lucio me dava aulas de Matemática. Ninguém podia denunciá-lo por ensinar uma menina judia, porque sempre podíamos alegar que eu estava visitando a minha prima. Francês eu estudava com uma professora particular, *mademoiselle* Culotti, que não ensinava em nenhuma escola, portanto não podia ser despedida de lugar algum. E o resto eu estudava sozinha.

O Giorgio era a mesma coisa, só que ele ainda ia para a Hungria e fazia os exames lá também, porque o ginásio dele, o Zrinyi Miklós, queria mandá-lo para as maratonas estudantis nacionais como representante da escola em Matemática. O Giorgio era assustadoramente genial nessa matéria.

Redescobriu vários teoremas matemáticos três, quatro anos antes de eles serem ensinados na escola. Quando ele tinha 3 anos,

GIORGIO VESTIDO
DE MARINARETTO.

ou um pouco menos, mamãe deu duas balinhas a cada um de nós. O Giorgio guardou as balinhas dele para mais tarde, eu devorei as minhas na hora. Aí eu engatinhei até as balas dele e nhac!, abocanhei uma delas. Meu irmão abriu um tremendo berreiro.

– O que foi? O que foi? – acorreu preocupada mamãe. Ao saber do ocorrido disse:

– Não chora, vou te dar outra balinha.

– Não vale – chorou ele. – Você tem que me dar duas balinhas!

– Duas? Ora essa, e por quê? – perguntou mamãe.

– Porque ela comeu três balinhas e, se você me der só uma, eu terei apenas duas para comer! – retrucou o pequeno gênio.

Às vezes, o Giorgio queria me explicar algo em matemática, mas pulava tantas operações intermediárias que eu acabava não compreendendo nada. **Aí ele ia furioso se queixar ao papai, dizendo que eu me fazia de idiota de propósito, só para chateá-lo. Era incapaz de imaginar que alguém pudesse de fato ter alguma dificuldade de compreender Matemática.** Em compensação, ele tinha dificuldade, e muita, em Desenho. Estava sempre à beira de ser reprovado nessa matéria. Papai ficou tão penalizado com isso que uma vez resolveu fazer o dever de casa dele. No dia seguinte, o professor ficou uma arara.

– Seu miserável trapaceiro, você acha que eu sou otário? Você acha que eu não sei que foi o seu primo Ugo que fez este desenho?

O Giorgio jurou de pés juntos que o desenho não tinha sido feito pelo Ugo (que era um tremendo desenhista e que acabou se tornando arquiteto).

– E ainda por cima você jura em falso, seu tratante? Se você não me trouxer amanhã esse mesmo desenho feito por você, eu te reprovo no fim do ano, *capito*?

O Giorgio chegou desesperado em casa. O desenho era complicado, uma folha de acanto com todas as sombras projetadas e autoprojetadas. Eu fiquei com pena e me ofereci para fazê-lo. Quando o Giorgio levou o "dever" feito no dia seguinte, o professor ficou radiante:

– Está vendo, seu malandro, que você pode e sabe desenhar? Desenhou até muitíssimo bem, como todos os Tausz, aliás. Você só é preguiçoso! – E deu-lhe uma nota bem alta, com a qual ele passaria folgado.

Daí em diante eu comecei a fazer todos os desenhos do Giorgio, não apenas para as aulas de Desenho, mas também no caderno de Química, onde as várias experiências deviam ser desenhadas. O negócio estava indo tão bem que, em breve, o colega dele Ariele Pillepich, excelente latinista, mas péssimo desenhista, pediu-me para eu fazer seus desenhos também. **Foi assim que nasceu uma cooperativa excelente: eu fazia os desenhos dos dois, o Giorgio fazia os deveres de Matemática do Ariele e estudava essa matéria com ele, que fazia os deveres de Latim e estudava Latim com o Giorgio e comigo.** Mais tarde o Ariele tornou-se padre católico, carreira que sempre sonhou em seguir.

Mas cá estou eu divagando de novo. Estava contando da proibição de as crianças judias frequentarem as escolas, proibição esta que provavelmente salvou-me a vida. Daí em diante as leis contra os judeus foram se multiplicando e ficando sempre mais severas, até que uma tarde, antes do fim do expediente, papai chegou em casa muito abatido, sobraçando a sua pasta cheia quase a ponto de arrebentar. Continha todos os seus pertences, que ele guardava nas gavetas de sua escrivaninha no escritório e que ele teve de

retirar ao limpar sua mesa do trabalho.

Contou que, devido a um decreto do dia anterior, todos os judeus ou pessoas de "raça" judia haviam sido despedidos de seus respectivos empregos. Despediram-no da noite para o dia sem lhe dar um tostão sequer de indenização ou de ordenado, nada! Ele, como todos os funcionários da Companhia de Seguros Fiume, tinha um plano de complementação de aposentadoria, que poderia receber mensalmente ou retirar de uma vez só em caso de necessidade. Para isso, ele foi descontado em seu salário durantes anos (uns vinte anos!). Pois nem esse dinheiro, que era dele, lhe devolveram.

Entrou no quarto, sentou-se no sofá, botou a cabeça entre as mãos e começou a chorar. Papai, o homem de aço, o monte Everest, o semideus, chorou! Fiquei estarrecida, apavorada, com vontade de chorar também e sem saber o que fazer. Papai sempre me pareceu um super-homem, alguém com força e poder descomunal; e agora ele estava chorando... A coisa devia estar preta mesmo, irremediável. Além do medo, fiquei com uma pena enorme. Queria ajudar, mas como? Fazer o quê? **Sentei-me ao seu lado, apoiei a cabeça no ombro dele e fiquei lá calada um tempão. Creio que fiquei adulta naquela hora.** A questão de quando exatamente a gente se torna adulta ocupou meus pensamentos durante anos e anos da minha infância e adolescência. Inicialmente tinha quase certeza de que isso ocorria no quinto ano ginasial, o que hoje corresponderia ao primeiro ano do ensino médio. Isso porque até o quinto ano usávamos como uniforme escolar uma saia plissada azul-marinho, abotoada numa blusa branca com gola de marinheiro azul-marinho também. Os botões eram de madrepérola costurados na blusa e a saia vinha com as casas correspondentes. Já no quinto ginásio não havia mais botões. A saia era guarnecida com um elástico e era simplesmente sobreposta à blusa. Ah, e havia também um lindo bolerozinho azul marinho que se usava em cima da blusa. Eu achava esse uniforme o máximo e estava convencida de que, no momento em que me fosse permitido usá-lo, eu me tornaria automaticamente adulta.

OS MENINOS, OS ANIMAIS
E OS BRINQUEDOS
PREDILETOS DE NORA.

Aconteceu, porém, que, como já mencionei, nos mudamos para a Itália, onde o uniforme escolar até o oitavo ano ginasial era invariavelmente um avental preto com colarinho branco, abotoado na frente com grandes botões de madrepérola branca. Aí perdeu-se a bitola pela qual eu poderia medir minha "adultice"; e tem mais, como já escrevi, a partir do terceiro ano ginasial fui proibida de frequentar a escola. Por algum tempo ainda, fiquei matutando sobre esse momentoso problema. **Esperava algum sinal que me indicasse: a partir deste momento você está autorizada a se considerar adulta.**

Mas esse sinal não vinha... Em compensação vinham com frequência sempre maior e severidade crescente decretos e leis que nos tornavam inicialmente cidadãos de segunda categoria e, com o passar do tempo, nos tiravam toda espécie de dignidade, tornando-nos animais a serem perseguidos e destruídos. No afã de nos defendermos e sobrevivermos, eu me esqueci do problema de saber se era criança ou adulta. Muito tempo depois, já aqui no Brasil, é que despertei para o fato de que eu já era incontestavelmente "de maior", e retroativamente tentei determinar quando e como é que me tornara "de maior". Eu acho que realmente posso estabelecer como ponto exato do início de minha "adultice" aquele que acabo de contar, quando papai foi despedido do seu emprego.

Bem antes disso, ainda em Budapeste, quando a situação política da Europa começou a ficar turva e ameaçadora, meus pais previram que, eventualmente, nós seríamos obrigados a emigrar. "E 'lá fora', de que é que nós vamos viver?", se perguntavam.

Decidiram, pois, aprender profissões práticas que não precisassem de grandes conhecimentos linguísticos e que pudessem ser exercidas por autônomos, isto é, que a gente não fosse obrigado a se empregar em estabelecimentos com grandes capitais e organização complicada. Claro que a gente não iria desprezar qualquer emprego que conseguisse descolar, apenas nós previamos que, sem conhecer a língua e já bem dentro da idade, como eram meus pais, seria difícil arranjar algum emprego.

Papai, excelente fotógrafo amador, foi fazer um curso de aperfeiçoamento no ateliê de seu amigo Halmi, que naquela época era o fotógrafo da moda, procurado por quase a totalidade dos *VIPs* da Hungria e redondezas. Mamãe foi fazer um curso de costureira de sutiãs, cintas e ligas. O dermatologista dela ainda lhe entregou de mão beijada todas as suas receitas de cremes e loções para ela poder usá-las "lá fora", em caso de necessidade. Isso foi muito bonito por parte do Dr. Chartoritzky, porque em geral esses médicos guardavam a sete chaves os segredos de suas fórmulas.

No dia seguinte àquele em que papai foi despedido, nós fizemos saber a todo mundo na cidade que mamãe aceitava encomendas de cintas e sutiãs e que papai tinha um ateliê de fotografia em casa, que executava com perfeição fotos para documentos e também fotografava casamentos, batizados etc. O Giorgio começou a trabalhar como vendedor de artigos para dentistas e protéticos e eu comecei a vender meias de seda (não havia *nylon* naquela época), lenços de seda, corpetes e combinações que recebia em comissão de um comerciante judeu, dono de uma linda loja no Corso Viale Vittorio Emanoele III. É uma vergonha, mas não me lembro do nome dele.

Eu botava essas coisas todas numa mala e ia batendo de porta em porta para vendê-las. O Giorgio viajava pela Itália toda vendendo a sua mercadoria, mas o seu quartel-general era Bologna, onde ele se abastecia e de onde partia para as suas viagens. Além disso, mamãe me ensinou a fazer os acabamentos nos sutiãs que costurava e, quando ela tinha muito trabalho, o que felizmente acontecia amiúde, como já mencionei, eu levava os sutiãs para a casa da tia Valéria, que morava em frente, e na máquina de costura dela fazia os acabamentos.

Assim pois, conseguíamos empurrar a vida com a barriga, enquanto procurávamos freneticamente arranjar vistos de entrada em algum país "lá fora", qualquer um que se apiedasse da gente e nos deixasse entrar. Mas ninguém nos queria. Para ir aos Estados Unidos, por exemplo, um cidadão de lá tinha que dar um documento (*affidavit,* se bem me lembro da grafia) em que se comprometia a sustentar o imigrante caso este não conseguisse trabalho. Nós precisaríamos de quatro *affidavits*. Havia americanos que vendiam esses documentos, mas nós não tínhamos dinheiro suficiente para pagá-los.

A Keszthelyi Lenke (lembram, a secretária do papai?), quando a paquera deles começou a ficar séria, com medo do seu próprio amor e não querendo destruir uma família bem constituída, emigrou para os Estados Unidos. Lá ela conheceu um irlandês de nome Dennen, que era o presidente da American Express Company, e casou-se com ele. Assim, ela foi duplamente premiada pela sua boa ação: primeiro, livrou-se da perseguição nazista e, segundo, arranjou um marido milionário, chefe de um clã irlandês. Pois a Lenke nos ofereceu dois *affidavits*, que eram tudo ao que ela ainda tinha direito, pois para salvar a sua própria família o casal já havia emitido *affidavits* de montão, e estes, de alguma maneira, eram aceitos de acordo com a capacidade financeira do emitente, capacidade esta conferida pela sua declaração de renda. Por mais rico que fosse o mr. Dennen, havia limites a observar.

Papai e mamãe queriam que o Giorgio e eu fôssemos com aqueles *affidavits* para os Estados Unidos, que assim pelo menos salvaríamos a nós dois. Mas o Giorgio e eu não queríamos de jeito nenhum ir embora, deixando pra trás nossos pais a enfrentarem a morte certa. **Eu escrevi uma carta (em inglês, gente!) à futura rainha Elizabeth, que tem mais ou menos a minha idade. Expliquei (como se houvesse necessidade disso) a nossa situação e supliquei que nos deixasse entrar na Inglaterra**, que nós seríamos para todo o sempre seus súditos gratos, trabalhadores, disciplinados e úteis. Remeti a carta de Susak, pois da Itália seria censurada pelo governo italiano. Como era previsível, Elizabeth não nos respondeu, mas recebemos uma carta de uma instituição qualquer da Irlanda, nos oferecendo guarita num campo de refugiados até o fim da guerra.

Isto não nos convinha. A gente não podia saber quanto tempo ia durar ainda aquela guerra. Este tempo seria desperdiçado de nossas vidas. Não poderíamos estudar, nos formar, nem meus pais poderiam reconstruir suas vidas. Quando fôssemos retornar à Itália, encontraríamos um país devastado pela guerra, onde não haveria emprego para papai ou mamãe, que já estavam com bastante idade e ao voltar seriam ainda mais velhos.

Aí papai conseguiu em Susak, naturalmente, um catálogo de telefones de Nova York. Procurou e encontrou oito assinantes de nome Tausz. Ora, todos os Tausz do mundo são aparentados. Baseado nisto (que é verdade mesmo!), ele escreveu a todos os oito e incluiu nas cartas selo internacional para resposta. Explicou-lhes a nossa situação, disse que éramos todos sadios e com tremenda garra para trabalhar. Que jamais íamos lhes custar nem um centavo. Que já tínhamos dois *affidavits* e que só precisávamos de mais dois. Bem, não recebemos resposta alguma, o que mostra apenas que realmente eram uns Tausz de verdade e *hélas* parentes. Não é má vontade minha com os Tausz, não. É que eles são e sempre foram assim. Quando a minha *nonna* ficou viúva com um filhinho de 4 anos e os dois enteados, aliás muito antes, enquanto o marido dela estava morrendo de tuberculose, os parentes Tausz dele retraíram-se todos com medo de ter que eventualmente ajudar aquela pobre mulher; ao vê-la na rua passavam para a outra calçada, evitando encontrá-la.

Voltando às nossas tentativas de arranjar algum visto para emigrar, descobrimos que a Austrália oferecia os documentos para técnicos de tecelagem de seda "balão", que era o material com o qual se confeccionavam os paraquedas. Para receber os vistos, a pessoa tinha que preencher e assinar um formulário em que se declarava técnico de tecelagem, enumerava os cursos em que teria se formado e os empregos de tecelão em que teria adquirido sua experiência. **As pessoas que nos passaram essa informação nos deram todas as dicas necessárias para mentir**: escolas técnicas onde papai poderia ter estudado e várias fábricas em que poderia ter trabalhado. Disseram ainda que já vários médicos, advogados, contadores, engenheiros etc. haviam conseguido vistos e emigrado para a Austrália com sucesso, dizendo-se técnicos de tecelagem, e que papai deveria fazer o mesmo. Mas papai recusou-se terminantemente a assinar uma inverdade dessas, e assim não fomos para a Austrália.

Em seguida, alguém nos pôs em contato com o cônsul da Argentina (se bem me lembro) em Trieste. Esse senhor ofereceu-nos uns vistos para aquele país, mas só de turistas, portanto temporários. Tal arranjo tinha vários senões: primeiro, ele queria uma baba preta pelos vistos, e nós chegaríamos à terra prometida sem um tostão furado. Segundo, sendo portadores de vistos de turista, não teríamos direito de trabalhar, nos empregar ou, enfim, exercer qualquer atividade remunerada. Terceiro, sendo a Argentina um país simpatizante do Eixo (Roma-Berlim), nos repatriaria logo que se esgotasse o prazo dos vistos e aí nós não mais teríamos o nosso apartamento, os nossos móveis, nem o nosso dinheiro (gasto nos vistos), nem nada. É verdade que o cara dizia que ele justamente estava voltando para a Argentina de férias e que, uma vez lá, iria nos ajudar a transformar os vistos temporários em definitivos. Mas nossos pais achavam que **uma pessoa que naquela situação aproveitava-se da desgraça dos outros para lhes extorquir dinheiro não merecia confiança** e que, se ele nos traísse – o que era provável –, nós estaríamos fritos. Assim pois, nós também não fomos para a Argentina.

Estávamos justo nessa azáfama quando em uma noite, ou melhor, uma madrugada (deviam ser três ou quatro horas), toca a campainha. Era uma meia dúzia ou mais de soldados, com a baioneta encimando suas espingardas, revólveres na mão etc. Vinham buscar o papai e o Giorgio, para levá-los a um campo de concentração. Papai só poderia levar consigo a roupa do corpo e um cobertor. Eles queriam levar o Giorgio também, mas aí mamãe começou a pedir-lhes "pelo amor de Deus" que não o levassem, que afinal tratava-se de uma criança (acho que meu irmão não tinha completado ainda 18 anos). Enquanto isso, o Giorgio dormia pacificamente no seu quarto. Os soldados deram uma olhada nele, naquela cara de criança dormindo que nem um anjo, deram de ombros e o deixaram em paz.

Foram embora em seguida levando papai. Isso só foi possível acontecer na Itália, porque, se estivéssemos na Alemanha ou na Iugoslávia, os soldados não teriam se deixado comover. Pela manhã cedo quando o Giorgio acordou, mamãe e eu, que não mais conseguimos dormir naquela noite, contamos tudo para ele e nós três decidimos que ele deveria fugir para Bologna, onde já estava instalado desde quando começara a vender artigos para

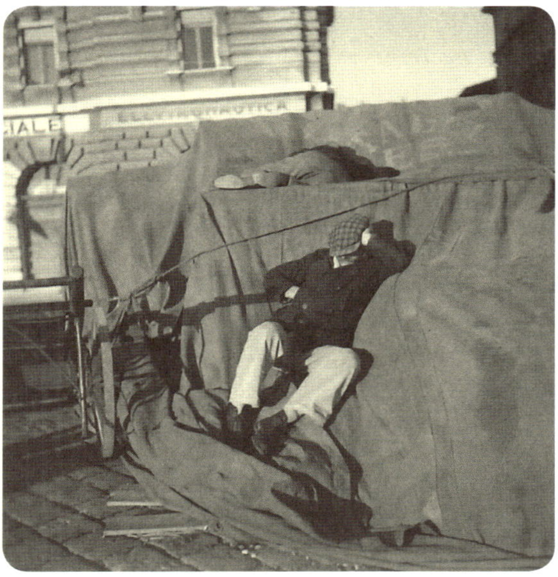

TRABALHADORES DE FIUME.

dentistas. Dessa vez, ele só estava em casa para uma breve visita, meio a negócios, meio afetiva, para nos ver.

E por que fugir? Não seria tudo igual no país todo? Não! O problema era a mulher do prefeito de Fiume, donna Penelope Testa. Acontece que esta Penelope Testa era irmã de um *gauleiter* (chefão) nazista e devido às pressões do cunhado, o prefeito de Fiume adiantava-se sempre na decretação de posturas municipais contra os judeus, que somente bem mais tarde viriam a se tornar leis nacionais, válidas em todo o país. Também naquela situação seria melhor para o Giorgio ficar o mais longe possível dos alemães e eventualmente fugir adiante em direção ao sul da Itália.

Donna era uma espécie de distinção nobiliárquica fascista. No dialeto de Fiume, *donna* era mais para depreciativo; usava-se só para mulheres de classe baixa, como *"la donna della butoriza"* (feixo de gravetos para iniciar o fogo nas estufas). Bem, conta-se que uma vez a empregada da tal Penelope Testa entrou um dia na sala e disse:

– *Donna Penelope la... signora del latte se qua...*

Ela iria dizer *la donna del latte* (a mulher do leite, a que vende leite), mas no último momento deu-se conta de que não poderia usar *donna* para se referir ao mesmo tempo à patroa e à serviçal, e aí falou *signora*, o que para nós soava deveras ridículo.

Decidida pela fuga, fizemos a mala do Giorgio e, depois de se despedir da mamãe, ele desceu comigo para nos dirigirmos à estação de estrada de ferro, situada exatamente em frente à nossa casa. Estacamos na porta do saguão, porque percebemos que estava repleto de soldados e policiais. Quisemos dar o fora, mas os dois policiais da porta já pararam o Giorgio e lhe pediram os documentos, que naturalmente o denunciaram pela palavra *EBREO* (judeu) impressa neles.

Pegaram o Giorgio e puseram-no num caminhão estacionado um tanto mais adiante, no qual já havia outras pessoas. Eu só fiquei por lá vigiando o caminhão. Dali a pouco deram partida. Comecei a correr atrás; corri e corri muito, até ele pegar a subida para Torretta. Mesmo na subida, ainda percorri um bom trecho, mas depois perdi-o de vista, não aguentei mais. De qualquer modo, tendo descoberto a direção para a qual o levaram, foi fácil, perguntando aqui e ali, descobrir que os presos tinham sido conduzidos à escola de Torretta. Soubemos também que as salas de aula haviam sido esvaziadas de seus bancos, no lugar dos quais jogaram uns sacos de feno, e que em cada sala "acomodaram" cinquenta presos.

Naquela noite e manhã, prenderam todos os homens válidos de famílias judias ou descendentes de judeus. Esqueceram-se do meu tio André (marido da tia Valéria), que já beirava os 80. Pois ele ofendeu-se à morte e foi tirar satisfações na prefeitura, querendo saber por que não o tinham prendido também. Mas o pessoal não lhe deu a mínima bola, falaram para ele deixar de histórias e mandaram-no para casa. Ele voltou completamente arrasado. Que tal essa?

A partir daí, mamãe e eu começamos a trabalhar em duas frentes: conseguir algum visto, e tirar papai e o Giorgio do campo de concentração. Mamãe e várias outras senhoras foram falar com o chefe de polícia. A senhora Menczer, muito nossa amiga, tanto que queria que o Giorgio casasse com sua filha Norlise e eu casasse com seu filho Erico, foi com duas pedras na mão, completamente revoltada e aos gritos. Mamãe pensou que seriam presas todas no ato, mas o chefe de polícia não fez nada disso. Ele sabia que a senhora Menczer era "ariana" e além do mais prima de um *gauleiter* nazista, pelo menos tão graduado quanto o irmão da *donna* Penelope Testa. O homem estava deveras constrangido:

– Olha, isto não vai dar em nada – disse. – O "lá de cima" (Mussolini) não se aguenta mais um ano – acrescentou mostrando o quadro do ditador pendurado na parede.

– Não interessa, eu quero o meu marido livre já e agora! – reclamou a senhora Menczer.

– Olhe, querida, não se amofine. Veja a mim, por exemplo: os austríacos me procuravam para me enforcar – ele tinha sido separatista italiano do Tirol – e no entanto cá estou são e salvo – tentou consolá-la o chefe.

– Sim, mas o senhor com certeza terá feito alguma coisa, mas o meu marido não fez nada! – retrucou a senhora Menczer.

Finalmente, desculpando-se muito e demonstrando claramente todo o seu antifascismo, o chefe disse que não podia, pois não era de sua alçada liberar os prisioneiros, mas deu licença para que a gente levasse comida de casa para eles. **Imediatamente nós nos organizamos: as mais experientes cozinhariam e as mais rápidas (eu, por exemplo) levariam as cestas com as comidas para os presos.** A respeito disso papai contou-me, depois de

GIORGIO E EDOARDO
TAUSZ, CERCA DE 1940.

liberado, que os soldados remexiam com uma colher cada prato de comida, para ver se não havia alguma faca ou grosa escondida ali. Papai foi eleito pelos companheiros de cativeiro representante e porta-voz da sala. Entre outras tarefas, ele assistia a esse exame das comidas. E um dos presos, judeu ortodoxo, pediu-lhe que não deixasse o guarda remexer com aquela colher no seu prato, pois tornaria a sua comida *kosher* imprópria para consumo. É claro que papai não podia evitar que remexessem com a colher cada um dos pratos, mas às indagações do pobre homem papai sempre respondia e jurava que não haviam mexido no prato dele, senão o coitadinho teria morrido de fome.

Outra que papai me contou foi seu encontro com o Giorgio: estava ele todo feliz naquela manhã, pensando que pelo menos seu filho tinha escapado, quando de repente abriu-se a porta e, entre outros, tocaram o Giorgio para dentro. Papai teve um aperto no coração, mas ficou aliviado ao pensar que ao menos estavam os dois reunidos na mesma sala. Poderiam ter posto o Giorgio numa outra sala qualquer, já que a coisa estava sendo feita de maneira completamente aleatória.

Finalmente a nota cômica daquela experiência: logo ao chegarem, tiraram-lhes todos os canivetes, facas, aparelhos de barbear, lâminas de gilete, cordões de sapatos, cintos... Enfim, ficaram meio destituídos das coisas mais comuns de que um homem precisa para poder se apresentar de maneira decente. Falei "meio" destituídos porque houve uns colegas sabidinhos que conseguiram esconder os aparelhos e as lâminas de gilete. Assim, todos continuaram a se barbear numa boa. Dentro de alguns dias, a coisa chamou a atenção dos guardas. Como é que aquela turma andava tão bem escanhoada? E lá vieram os interrogatórios: onde é que eles escondiam as lâminas? Ora, acontece que os judeus ortodoxos não usam gilete. Eles têm um produto que passam na cara, deixam por um tempo e depois, com um pedaço de papelão, retiram o produto, que sai com os pelos. Os guardas não queriam acreditar. Aí um grupo de ortodoxos fez a demonstração prática do método e convenceram as "autoridades", que daí em diante não mais os chatearam; assim todo mundo continuou a usar o aparelho gilete numa boa.

Voltando a nós duas, mamãe e eu ficamos apavoradas com o rumo que as coisas iam tomando. Tínhamos dois primos, filhos da tia Rosa Heim, prima do papai. O Miki (mais velho) e o Toni. Eles estavam escondidos em Fiume e pertenciam a uma organização que levava judeus fugidos da Alemanha para a Palestina. Essas pessoas eram embarcadas em navios que zarpavam de Fiume ou Susak. Como havia uma proibição de os judeus irem para a Palestina, proibição esta decretada pelos ingleses, que mantinham a Palestina sob seu "protetorado", tudo tinha que ser feito às escondidas. Vai daí que **os fugitivos não podiam se hospedar em hotéis enquanto esperavam o embarque. Por isso, eram postos em casas de judeus de confiança. Foi assim que nos tornamos hospedeiros de várias dessas famílias emigrantes.** Muitas delas tinham sido salvas por membros da resistência de campos de concentração Europa afora. Vinham com um olho furado, várias costelas quebradas por chutes dos carcereiros, algum rim despedaçado etc. Estavam pele e osso, que nem uns cadáveres.

Mamãe e eu começamos a imaginar que, se a gente não agisse rapidamente, este seria o destino não somente do papai e do Giorgio, mas também o nosso, uma vez que na Alemanha há muito tempo já estavam prendendo as mulheres e as crianças também. Resta sempre que liberados papai e o Giorgio, poderíamos todos embarcar num desses navios clandestinos. Mas isto era um empreendimento muito perigoso. O navio não podia atracar em nenhum porto do Oriente Médio. Parava ao largo da costa de noite, aí vinham uns barquinhos pegar as pessoas para levá-las até a costa. No entanto, **se os ingleses descobrissem, eles iam lá e metralhavam todo mundo, e isto não era tão raro assim. Aí nós teríamos pulado do caldeirão para a frigideira; fazia sentido?**

Bem, nossa primeira tarefa era tirar papai e o Giorgio do cativeiro. Papai, durante uns seis anos de ginásio, tinha sido colega e amigo do Nino Host Venturi. Esse cara tornou-se ministro, não me lembro mais de que pasta, do governo fascista. O que sei é que era superpoderoso e importante. Pois mamãe foi procurá-lo, e ele prontamente a atendeu. Mandou liberar não apenas o papai e o Giorgio, mas também meus primos (meio-primos) Ugo (o arquiteto) e Ernesto. Vocês podem imaginar o quanto ficamos contentes ao ver de volta à casa os nossos homens. Eles nos contaram que foram bastante bem tratados pelos carcereiros. Nunca foram torturados nem achacados por nenhum motivo. De fato, aos poucos começou uma grande amizade entre os presos e os guardas. Estes últimos vinham do sul da Itália. Eram carcereiros profissionais da prisão de San Pier d'Arena, de segurança máxima. Antes de virem para Fiume, disseram-lhes que deveriam redobrar a atenção, porque iam vigiar pessoas perigosíssimas.

Pois ficaram tão amigos que várias vezes vieram nos visitar, depois que papai e o Giorgio foram liberados. Sentavam-se, bebericavam um ou outro copo de vinho e contavam novidades do campo. Riam dos avisos que tinham recebido e disseram à mamãe:

– **Nos avisaram que teríamos de tomar conta de uns malfeitores horríveis, imagine a senhora! Pois nunca na nossa vida encontramos pessoas mais decentes do que as que tínhamos de vigiar.** Nem o diretor da penitenciária de San Pier d'Arena é um *signore* tão fino como os que encontramos aqui.

Eram de fato boa gente esses rapazes. Eu me lembro de uma vez que fomos levar comida para os presos, a Vanda (mulher do meu primo Ernesto) e eu. Vanda tinha seu filho Luciano (vulgo "Ciancio"), neném de uns 10-12 meses, no colo. Nessa que aguardávamos na fila para entregar a boia, o Ernesto apareceu através de uma janela, mas não na janela, pois os presos não podiam chegar até elas. Ciancio começou a gritar *"papaci, papaci"* e jogava os bracinhos em direção aos edifícios da escola. Dali a pouco, os vários guardas presentes começaram, muito discretamente, a enxugar as lágrimas que teimavam em lhes aparecer nos olhos. Eu mesma várias vezes fui até a lateral do edifício para ver se enxergava papai ou o Giorgio. Aí o guarda começava:

136

NONNA, UMA AUTÊNTICA REPRESENTANTE DA ERA VITORIANA.

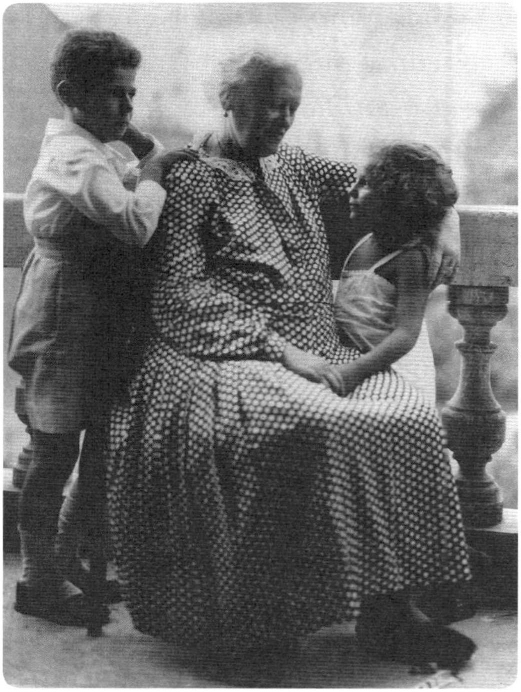

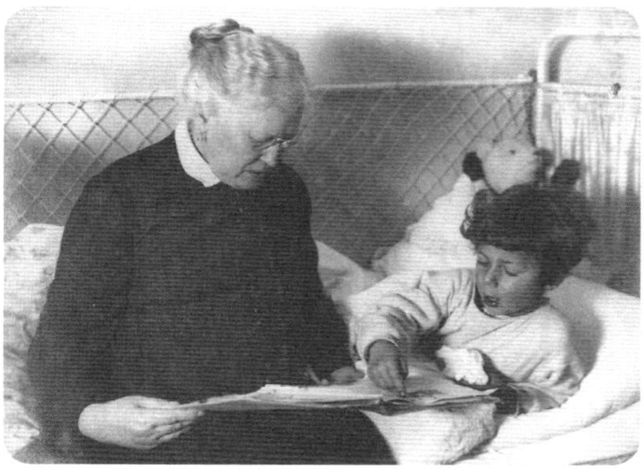

– *Signorina,* por favor, vá embora, aqui é proibido permanecer.

Eu dizia que iria já, já, mas ficava por lá. Aí o guarda de novo:

– *Signorina,* eu teria que fuzilar a senhora e isso seria uma pena tão grande... Vá embora. – Ou mais tarde: – Se a senhora não for embora, eu serei punido.

Aí eu ia embora mesmo. Soubemos mais tarde que os alemães tomaram conta desse campo, levaram os prisioneiros para Trieste e lá na refinaria de arroz queimaram todos eles.

Aqui devo fazer uma digressão sobre a minha *nonna*. Enquanto essas coisas terríveis estavam acontecendo, nós não podíamos deixar de pensar que, afinal, tinha sido uma clemência do destino ela ter morrido antes da efetivação das leis raciais. **A *nonna* era uma mulher muito bonita, altiva, limpa, ordeira, severa... Uma autêntica representante da era vitoriana.** Durante muito tempo ela morou num pequeno apartamento na *piazza* Verdi (onde se encontrava o nosso teatro de ópera). Nesse apartamento, ela tinha um pequeno balcão com grade de ferro batido como peitoril e, no balcão, tinha um monte de oleandros de tudo quanto era cor e qualidade. Ela adorava seus oleandros e entendia deles como ninguém. Fornecia mudas de oleandros a todas as amigas e ensinava-as a cuidar delas. Além dos oleandros, ela tinha mania de sachê de alfazema. Os sachês eram vendidos lá mesmo na *piazza* Verdi em determinadas épocas, na floração dos arbustos de lavanda. A *nonna* comprava-os aos magotes e enchia deles seus armários. Suas roupas pessoais e as de cama e mesa recendiam sempre a alfazema.

Depois que nós voltamos da Hungria, não se passou muito tempo e a *nonna* veio morar com a gente. Isso por vários motivos: primeiro, ela já estava bastante velhinha, e ficava cada vez mais difícil de ela cuidar de si mesma e de seu apartamento. Segundo, era também mais barato ela morar com o filho do que sozinha. Terceiro, ela não conseguia conviver em paz com a "zia" Lídia, mulher do tio Samuel. É verdade que a *nonna*, a rigor, não conseguia conviver em paz com ninguém, pois era muito mandona e voluntariosa, mas, mesmo assim, brigava bem menos com a mamãe do que com a tia Lídia.

Conosco crianças, então, nem se fala. **Era só a gente contrariá-la um tiquinho e ela já lançava mão da famosa vara de cana-da-índia.** O Giorgio uma vez, para fugir das vergastadas, enficu-se debaixo da cama dela, que era pra lá de *king size,* era enorme. Pois o Giorgio ficou agachado bem no centro da extensão da cama, de maneira que o braço da *nonna* não conseguia alcançá-lo para tirá-lo de lá. Nossa avó não teve dúvidas, enfiou-se também debaixo da cama, tirou de lá o neto e deu-lhe uma surra em dobro, para ele nunca mais tentar fugir do castigo.

No entanto, se e quando a gente se portava bem, ela sabia ser muito amável e boa com a gente, e nós gostávamos dela. A *nonna* só não era mais carinhosa conosco porque eu acho que, segundo seus pontos de vista vitorianos, isso lhe tiraria a autoridade, que ela exercia sem parar, até em relação ao nosso pai. Mas várias vezes dava para sentir que ela se policiava para não se derreter conosco.

A *nonna,* depois de velha, ficou com diabetes e o médico disse que ela não deveria comer nada de doce e nada de branco, feito farinha, batatas, pão, arroz etc. Mas a *nonna* não queria cumprir a dieta. Mamãe escondia tudo que pudesse lhe fazer mal, mas a *nonna* interpretava isso como perseguição. Pedia às amigas que lhe trouxessem escondido doces e pães, pois sua nora era tão sovina que não lhe permitia comer nada disso. Mamãe fazia *blitzeg* de vez em quando e retirava montes de balas, bombons, pães e doces das várias gavetas do quarto da *nonna*, que ficava desolada.

Aí uma vez a *nonna* feriu o dedo do pé quando cortava as unhas. A ferida nunca que sarava. Por fim, ela pegou uma gangrena na perna, teve que ser hospitalizada, mas não conseguiram salvá-la e ela acabou morrendo. Quando papai e o Giorgio foram detidos, nós só pensávamos o quanto a *nonna* teria sofrido se visse seu filho ser humilhado e preso no meio da noite.

Ah, quase me esqueço de falar no Hanzi! Este era um canário tipo "da-terra", verdinho comum, mas que cantava muito e era bichinho de estimação da *nonna*. Do gênero, eu nunca vi um animal mais manso e mais inteligente. Ele vivia solto esvoaçando pelo quarto da *nonna*, pousando na cristaleira, na cômoda ou na beira do armário. Sua gaiola vivia de portinhola aberta. De noite, a *nonna* chamava, "fiu, fiu, fiu, Hanzi, vem cá", e o Hanzi voava e pousava no dedo dela. Aí ela o punha na gaiola, fechava a porta e cobria a gaiola com um pano preto, porque o Hanzi não conseguia dormir com a luz acesa. Quando a gente almoçava no quarto da *nonna* (ela tinha uma mesa bem grande), o Hanzi pousava sobre a mesa e comia as migalhas de pão.

Uma vez ele apareceu com uma perninha quebrada. Ninguém sabia como isso foi acontecer. O veterinário disse que a fratura não ia sarar nunca, e que era melhor sacrificar o bicho. Nós crianças começamos a chorar e argumentar que, se era para ele morrer, que o deixassem morrer sozinho. Mamãe ficou com pena da gente e concordou que o levássemos vivo para casa. Aí a gente arranjou um palito de fósforo e amarrou com uma gaze, como se fosse uma tala. Daí em diante, foi uma paparicação só. Oferecíamos alpiste e todas as sementinhas de que ele mais gostava. Água também sempre fresquinha e levávamos tudo ao bico dele. E não é que o bichinho ficou bom? Viveu ainda uns cinco, seis anos e morreu de velho poucas semanas antes da *nonna* falecer.

No dia em que a *nonna* morreu, papai estava a serviço em Roma. Entrou na Basílica de São Pedro no Vaticano e ele, que não seguia nenhuma religião estabelecida mas acreditava profundamente na existência de Deus, rezou. Rezou para que Deus deixasse sua mãe morrer em paz e não a torturasse mais, uma vez que não dava para lhe salvar a vida. Segundo meu pai, a hora em que a *nonna* morreu coincidiu exatamente com a hora em que ele estava rezando por ela.

Voltando ao assunto perseguição/emigração, lá estávamos de volta os quatro dando tratos à bola, pensando numa maneira de a gente sair da Europa. Nossos primos Ugo e Ernesto não estavam nem aí. Eram, isto é, continuavam sendo grandes fascistas. Para eles, o fato de terem sido soltos só demonstrava que os judeus "direitos" não tinham nada a temer e que, se os judeus alemães estavam sendo mortos nos campos de concentração, certamente tinham alguma culpa no cartório. Uma vez a discussão entre o papai e o Ernesto ficou tão violenta que o papai (bem mais forte do que o sobrinho) botou-o porta afora como Henrique VIII, rei da Inglaterra, fizera com o núncio papal.

Papai tinha duas primas na Iugoslávia. Uma era a tia Serafina, e outra era a tia Stefa. As duas não se toleravam, pois eram concorrentes nos negócios. Cada uma possuía (entre outros bens) a metade das minas de carvão de seu país. Além disso, a tia Serafina e seus filhos eram representantes da Fox Filmes, agora não me lembro se só para a Iugoslávia ou se para a Europa inteira. Nós não tínhamos contato algum com a tia Stefa, porque desde cedo a *nonna* tomou o partido da tia Serafina e aí não era possível se dar com o outro lado da família.

Toda vez que a tia Serafina vinha para Fiume, era no seu próprio automóvel, um Packard enorme dirigido por um motorista de uniforme, luvas e boné. A cidade toda acorria para admirar aquele carro, pois naquela época praticamente não existiam carros particulares em Fiume. A tia Serafina hospedava-se na casa da nonna e também fazia suas refeições lá, embora a nonna estivesse sempre em grandes dificuldades financeiras. A coitadinha alugava quartos, fazia geleias para vender, costurava calças para os alfaiates, que mandavam as calças já cortadas, só para costurá-las e fazer os acabamentos. Como Fiume era zona franca, a *nonna* tinha acesso às mais variadas qualidades de cafés da América do Sul e também da África. Sendo dotada de paladar e olfato muito apurados, ela fazia misturas muito gostosas com esses cafés e mandava pacotes sob encomenda para a Hungria e para a Áustria. Daí vocês veem como era dura a vida dela. Pois a Serafina tinha o desplante de se hospedar por semanas na casa dela e não contribuir com um centavo sequer. Nem um presente ela trazia para a *nonna*, nada! Naquela época, todos eram muito envergonhados e a *nonna* nunca teve coragem de reclamar. Quando admirava o carro, o motorista, as roupas elegantes, as joias da sobrinha, esta dizia:

– Por que não o compraria? Graças a Deus eu posso me permitir este luxo.

Contei tudo isso para situar a tia Serafina nos acontecimentos de nossa história. Papai lembrou-se de pedir ajuda a ela. Escreveu-lhe uma carta contando a nossa situação. Que, com algum dinheiro, conseguiríamos mais dois *affidavits* ou talvez outros vistos que nos poderiam salvar. A isso a tia Serafina respondeu que ela e os filhos haviam estudado o caso e chegado à conclusão de que a "firma" não podia, no momento, investir dinheiro em outras coisas, mas que papai e mamãe eram inteligentes, tinham dois filhos adolescentes capazes e que eles tinham certeza de que nós nos tiraríamos do embaraço com a nossa força de vontade, capacidade etc., etc.. De fato nós nos tiramos do embaraço sem a ajuda dela, mas, pouco tempo depois, ela apareceu fugida de sua terra devido à perseguição dos comunistas, com apenas a roupa do corpo, e foi se abrigar na casa da tia Rosa Heim, outra pobretona que teve a misericórdia de acolhê-la.

Tia Valéria (lembram? Irmã da mamãe), enquanto isso, também procurava arranjar uma saída para a família inteira. Há tempos ela era doleira do Vaticano e era muito bem conectada por lá. E foi de lá que veio a nossa salvação. O governo brasileiro, que de resto negava vistos de entrada aos judeus, ofereceu 3.000 vistos ao Vaticano para famílias católicas atingidas pelas leis raciais. **O Vaticano não concedia esses vistos de graça. A gente tinha que pagá-los e pagá-los bem caro, mas de qualquer forma foi a nossa salvação.** Tia Valéria primeiro arranjou os vistos para eles: tio André, ela, Erika e seu marido Alexandre (Sanyi). A Marta já tinha emigrado para os EUA há tempos. Enquanto isso, nós começamos a vender adoidado tudo que tínhamos para fazer caixa e poder comprar os vistos, as passagens e eventualmente ter algum dinheiro ao chegarmos ao Brasil. Era difícil vender qualquer coisa naquela época, porque todas as famílias judias tentavam fazer a mesma coisa. A gente tinha que praticamente dar tudo a preço de banana. O que ainda rendeu algum dinheiro foram as joias de família.

Isso me lembra que, pouco tempo antes, os fascistas fizeram uma campanha *Oro per la patria,* em que pediam às mulheres para entregarem suas alianças. Formavam-se filas de mulheres. **Elas iam andando e jogavam suas alianças sobre uma bandeira da Itália, segurada nos quatro cantos por quatro fascistas. No lugar das alianças, elas recebiam anéis de ferro**

144

GIORGIO E NORA EM 1940 (ESQ.); OS TAUSZ COM OS TIOS PISTA E ELLA (ABAIXO).

com a gravação "Dei ouro para a minha pátria". Era impossível, depois disso, alguém circular com uma aliança de ouro no dedo. Mamãe foi ao joalheiro Natic e comprou baratinho uma aliança, a mais fininha que o cara tinha na loja, e jogou essa sobre a bandeira, tendo guardado bem escondidinho a sua aliança de verdade. Pois a tia Lídia ficou uma arara com a mamãe, dizendo que aos fascistas não interessava o ouro, e sim o "espírito de sacrifício" das cidadãs. Só podia ter os dois filhos crédulos que ela teve, não é? (Não passou muito tempo, os alemães invadiram a Itália também e a vida dos dois iludidos começou a correr perigo. Mamãe condoeu-se deles e, contra os conselhos do papai, arranjou com a tia Valéria que escrevesse aos seus contatos no Vaticano e conseguisse vistos para os dois e suas famílias.)

Uma vez obtidos os vistos, tínhamos que arranjar algum meio de viajar, isto é, sair da Itália. Isso tampouco era fácil. Primeiro precisávamos de passaportes, e naquela época as "otoridades" não concediam documento algum aos requerentes não "arianos". Assim pois, não conseguimos nem um simples atestado de moradia, quanto mais um passaporte. Conseguimos, porém, através da Cruz Vermelha Internacional, uns passaportes *"Nansen"* para pessoas "sem cidadania" ou de "cidadania duvidosa". **Imaginem vocês que nossos antepassados há quatrocentos ou quinhentos anos vinham sendo sepultados no cemitério de Cosala, em Fiume. Seus sepulcros estavam lá de testemunhas, mas nós não éramos considerados nem ao menos moradores de Fiume.**

CEMITÉRIO
DE COSALA,
EM FIUME.

De passaporte na mão, tínhamos que decidir como chegar até Lisboa, onde embarcaríamos rumo ao Brasil. Primeiro pensamos em pegar o trem, mas nos foi vetado, pois havia uma comissão franco-alemã que não deixava pessoas de "raça duvidosa" atravessarem a França. Deixaram, porém, que remetêssemos as nossas malas pelo trem. Decidimos então tentar a via marítima: pegaríamos um navio em Gênova até Lisboa, onde pegaríamos o outro navio para o Brasil. Pouco antes de embarcarmos, porém, aconteceu que um submarino inglês torpedeou esse navio e todos a bordo morreram no naufrágio, inclusive um casal recém-casado, amigo de nossa prima Erika (Csöpi), que estava emigrando com todos os seus trens para os Estados Unidos. Os italianos suspenderam todas as saídas de navios, pois não havia como protegê-los dos ataques da marinha inglesa, que era muito mais poderosa do que a italiana.

A única saída que nos sobrou foi tomar um avião bem pequeno, quase teco-teco, que saía em dias e horários aleatórios de Roma para Lisboa. **Nesses aviões é que o Eixo Roma-Berlim mandava os seus espiões para fora da Europa. É justamente por isso que os caças ingleses os derrubavam sempre que os encontrassem.** E é também por isso que os dias e horários de saída variavam de maneira tão estapafúrdia. Era necessário, portanto, que ficássemos em Roma numa pensão, aguardando dia e noite de prontidão um chamado para embarcarmos.

Pois é, mas havia mais um senão: havia poucas vagas nos aviõezinhos para gente comum, que não fosse espiã. Foi assim que, na hora de embarcar, só nos ofereceram dois lugares, prometendo mais dois no próximo voo. Aí começou aquela cena:

– Vão vocês primeiro! – dissemos ao papai e à mamãe.

– De modo algum – responderam. – Vão vocês primeiro porque, se essa possibilidade acabar também, pelo menos vocês crianças estarão a salvo.

E não houve como discutir as ordens deles. Embarcamos, pois, e vocês podem imaginar com que ânimo. Tivemos sorte porque pegamos logo os primeiros dois assentos atrás da cabine do piloto. Eu me estiquei toda e apoiei o pé na parede da cabine, que, zás!, rasgou-se na hora – era de lona, e ainda por cima bem vagabunda. Aí não tive mais coragem de tirar meu pé de lá para o pessoal não perceber o estrago. Ah, a altura do voo também era aleatória. Devemos ter voado bem alto porque acabei com muita dor no ouvido ao descermos para reabastecer em Barcelona. Tanta dor eu sentia que me esqueci do rasgão, isto é, não me importei a mínima se me flagrassem, mas ninguém falou nada. Ainda com dor, mas com a consciência um pouco mais aliviada, voltamos ao avião (o Giorgio não teve dor no ouvido, mas também ficou assustado com o rasgão).

Chegamos ao aeroporto de Sintra à noitinha. Ao passarmos pela inspeção policial, o delegado nos pediu as passagens de navio para o Brasil, porque, apesar de termos passaporte com os devidos vistos (de passagem por Portugal e de entrada no Brasil), a ordem era de pedir as passagens de navio para impedir que emigrantes mais pobres sem a passagem ficassem em Portugal, que não admitia refugiados. Pois é, mas aí surgiu outra dificuldade: nossas passagens não estavam conosco. Estavam na mão de um certo padre Turowsky, que morava em Lisboa, e ao qual nós deveríamos procurar uma vez chegados lá. Minha dor de ouvido já tinha melhorado, em compensação já estava com uma dor de cabeça federal e também com muito enjoo.

Explicamos a situação ao delegado e ele mandou um policial a Lisboa para procurar o padre e verificar a nossa história. Enquanto isso, não poderíamos ir embora. Ora pois, a delegacia estava na mesma construção onde se encontrava a casa do delegado. Ele e a mulher ficaram lá nos vigiando. Meu irmão tirou da maleta uns sanduíches que a mamãe preparara para comermos na viagem. Ele achou que, talvez, eu comendo alguma coisa, melhoraria de saúde. Esses sanduíches eram um horror. **Na Itália não havia mais pão decente, nem manteiga, nem nada. O pão tinha uma proporção muito grande de serragem (de madeira!), motivo pelo qual se esfarelava facilmente.** Os padeiros o serviam às colheradas e, além disso, era bem escuro. Começamos então a mordiscar o "sanduíche", quando o delegado arrancou-o das nossas mãos e começou a gritar qualquer coisa que naturalmente nós não compreendemos. Chamou outro policial e deu-lhe uma ordem qualquer, enquanto jogava a nossa única comida no lixo. "Vai ver esses também são antissemitas", pensamos o Giorgio e eu. E agora o que é que a gente ia fazer? Ficamos bem encolhidinhos e assustados sentados num sofá. Dali a pouco, eu comecei a ter engulhos. A senhora do delegado me levou para o banheiro dela. Quando acabei de vomitar, ela mandou eu me deitar na cama dela e ficou pondo compressas de água gelada na minha testa. Aos poucos, fui melhorando e pensei com os meus botões que afinal eles não deviam ser tão antissemitas assim, se ela me cuidava com tanto desvelo.

Voltamos outra vez para a sala do delegado e eu sentei ao lado do Giorgio. Nessa entrou esbaforido o tal policial, trazendo uns sanduíches maravilhosos: o pão era fofíssimo, branquíssimo, a manteiga era manteiga de verdade. O queijo e o presunto, superfrescos e gostosos. Claro que nós pudemos verificar tudo isso depois que o delegado nos entregou os sanduíches e, com voz severa, nos intimou a fazer alguma coisa que, embora a gente não compreendesse pelas palavras, mas pelos gestos, era insofismavelmente: "Comam!". Aí também compreendemos que o homem, embora ranzinza e autoritário, era uma flor de pessoa, assim como a mulher dele.

O tempo passava e nada do tal policial voltar com as nossas passagens. Finalmente, lá pela madrugada, ele chegou e explicou que o padre Turowsky tinha saído para dar a extrema-unção a um doente e era por isso que ele tinha se atrasado com as passagens. Fomos liberados enfim. A mulher do delegado nos abraçou ternamente, e o marido dela também falou algo com a voz bem mais branda ao se despedir de nós. De nossa parte, já começamos a sentir saudades deles antes mesmo de pegar o táxi que nos conduziria a Lisboa (naquela hora não havia mais condução pública em Sintra). Seria tão bom ficar com eles até o papai e a mamãe chegarem!

Madrugada em Lisboa e ainda estavam todas as ruas iluminadas. Esta, pela qual estávamos passando, era bem larga e dos dois lados as casas estavam cobertas com azulejos maravilhosos. Por isso, todas brilhavam refletindo a iluminação e tornando-a mais feérica ainda. Há mais de um ano não tinha mais iluminação alguma em Fiume (*black out* por causa do eventual ataque de aviões). De noite era uma escuridão só. **Todo mundo tinha que forrar as janelas de vidro, por dentro, com um papel azul-marinho bem escuro, que normalmente era o papel-padrão para os estudantes forrarem seus livros e cadernos.** Na rua, toda noite havia umas patrulhas chamadas "UNPA" (não sei que abreviação era esta, também pode ser UMPA, não lembro mais), que, ao ver qualquer brecha iluminada ou ao constatar que o papel estava desbotado, subiam ao apartamento correspondente àquela janela e avisavam os moradores. Também às vezes tomavam um ou outro copinho de vinho com a gente. Vocês podem imaginar o breu das noites na Itália. E agora imaginem o enlevo com que o Giorgio e eu admirávamos aquela avenida toda iluminada. Parecia um conto de fadas.

– Como é o nome desta rua? – perguntamos com palavras e mímicas.

– Avenida Liberdade – foi a resposta, e o Giorgio e eu apertamos forte a mão um do outro, emocionados com este simbolismo tão adequado à nossa situação.

Chegamos enfim à nossa pensão, numa rua chamada Braamcamp. O nome da pensão já esqueci e nem ao menos me lembro como é que nós descobrimos aquele lugar. Não sei se foi o motorista do táxi que o teria indicado ou talvez fosse o padre Turowsky que teria reservado quarto para nós. O importante é que, alta madrugada, quase de manhã, bastante cansados, lá estávamos no "nosso" quarto com duas camas, com lençóis, fronhas, cobertores limpinhos e um cheiro de torta, pudim ou qualquer coisa parecida com sobremesa impregnando o ar. Sobremesa de madrugada? Estranho! Começamos a procurar de onde viria aquele cheirinho e descobrimos que vinha de debaixo das camas. Havia umas frigideiras com açúcar caramelado fresquinho embaixo de cada uma. A dona da pensão usava esse método para perfumar os quartos.

Tudo estava perfeito, faltava somente uma cadeira para pôr uma mala, sentar ou pendurar um agasalho. Pedimos, pois, uma *sedia,* que é cadeira em italiano, mas a dona não entendia. Giorgio tinha um pequeno dicionário italiano-português, procurou *sedia* e encontrou cadeira. Então ele tentou novamente, *ca-deí-ra,* sem conhecer a pronúncia. Não é que a dona continuou a não compreender o que queríamos? Apenas depois de muitas mímicas e apelos desesperados – *cadeíra, cadeíra* – é que de repente ela compreendeu – Ah, *cadáira!* –, e nos trouxe duas cadeiras.

Resolvidos os nossos problemas de alojamento, depois de um bom banho finalmente pudemos dormir e descansar. Mas, ao acordar, novamente nos assaltaram as lembranças de nossa despedida do papai e da mamãe em Roma. **Piorava o medo de eventualmente não os reencontrarmos nunca mais e a tensão da espera nervosa dia após dia.** Padre Turowsky era o nosso contato. Quando chegassem, nossos pais nos encontrariam por meio dele. Imaginem a paciência daquele santo homem a quem pedíamos notícias várias vezes por dia e que sabia tão pouco (isto é, nada) quanto nós. Não lembro quantos dias se passaram assim, mas foram muitos; uma semana talvez?

Finalmente chegaram! Ufa, que alívio! Daí em diante eu me senti perfeitamente feliz e segura. Mas meus pais, não, pois estavam muitos preocupados com o futuro. Ao todo passamos duas semanas em Lisboa, loucos para embarcar o quanto antes rumo ao Brasil. Isso porque tínhamos que pagar uma taxa bastante alta a cada dia de permanência em Portugal. Se o navio não zarpasse logo, poderíamos ficar sem dinheiro para pagar a taxa e seríamos "repatriados" para a Itália, já imaginaram?

Não fosse por isso, até que teriam sido umas semanas agradáveis. Lisboa era – talvez ainda seja – uma cidade linda, amena e civilizada. Tinha uns cafés muito bonitos, onde você podia beber um café com leite dos mais gostosos, acompanhado por aqueles pãezinhos branquinhos e fofinhos, os quais nós encontramos primeiro na casa do delegado, ou, perdão, quero dizer, na delegacia de Sintra. Um desses cafés, se bem me lembro "Café Portugal", era o *point* dos emigrantes. Ele tinha uns vitrais muito bonitos, coloridos, e ao olhá-los eu ficava inexplicável e bobamente feliz.

Lá para o fim da nossa estadia, quando já sabíamos a data do nosso embarque, mamãe chamou uma lavadeira para lavar toda a nossa roupa. Assim viajaríamos com as roupas limpas. Na pensão, não havia como lavarmos nada, a não ser peças muito pequenas, como algum lenço, meia ou calcinha. Pois

bem, depois de entregar a trouxa para a mulher, mamãe quis saber onde ela morava.

– Friolapagenovi – veio a resposta.

– Onde?

– Friolapagenovi.

Mamãe pediu que ela escrevesse o endereço, mas a moça não sabia escrever. Então chamamos a dona da pensão, que desvendou o mistério e escreveu o endereço para nós: Rua Ferreira Lapa, 19. Roupa lavada, pensão paga, malas feitas e assustadoramente pouco dinheiro no bolso, finalmente embarcamos no navio "Cabo de Hornos", da Ybarra y Cia., lá para o fim de abril de 1941. Esse navio tinha pouco espaço para cabines de passageiros e bastante espaço nos porões para transporte de mercadorias. Adaptaram pois esses porões, pondo neles beliches e triliches para acomodar o maior número possível de passageiros de terceira classe. Havia porões para mulheres e outros para homens. Quando nós ingressamos no navio, a maioria dos lugares já tinha sido ocupada por agricultores espanhóis e portugueses que embarcaram num porto antes de Lisboa. Havia uma escada de marinheiro bem gasta e lisa que levava ao porão de baixo, pois o de cima já não tinha lugar para nós. Mamãe e eu fomos descendo com cuidado, tentando enxergar alguma coisa naquela escuridão.

– *Genedige Frau, kommen sie hier? Bitte* – "Madame, venha para cá, por favor", ouvimos uma voz vinda de um cantinho à direita da escada.

Era um grupinho de senhoras judias de classe média, que ocuparam várias beliches e aguardavam as passageiras que desciam pela escada. Acostumadas à escuridão, elas enxergavam bem e, quando viam pela aparência que a recém-chegada era uma pessoa de classe média também, chamavam-na e ofereciam os beliches reservados.

Assim é que ficou todo um grupo homogêneo nessa partezinha em L do porão, separado do grupo de camponesas. E ainda bem, porque infelizmente – sei que estou sendo politicamente incorreta – aquelas moças deixavam muito a desejar do ponto de vista da higiene. Durante as semanas de viagem, passavam dias no convés catando piolhos umas na cabeça das outras. O banheiro comum do porão era simplesmente infrequentável.

Mas o Giorgio e eu cedo fizemos amizade com alguns marinheiros, que deixavam nos esgueirar de madrugada aos banheiros da segunda classe, onde a gente podia tomar banho e tudo mais direitinho. Papai e mamãe nos seguiram nessa prática.

As refeições já eram mais difíceis de aguentar. **Papai gostava de mesa muito bem-posta: toalhas limpas e bonitas, louça idem, e não podia ter nem um cantinho desbeiçado ou rachado. Os copos preferivelmente de cristal, mas no dia a dia admitia também o vidro, desde que fosse brilhoso de tão limpo.** Nossos talheres eram de prata e muito bonitos. Por isso é que conseguimos vendê-los relativamente bem antes de fugirmos da Europa.

Posto isso, agora imaginem como é que o papai ficou quando entramos pela primeira vez no refeitório. Este era um salão bem grande, sem porta, inteiramente aberto de um lado para o convés. Dentro havia um tipo de mesa longuíssima em U, de madeira bem tosca, e ao lado dela uns bancos igualmente longos e toscos, nos quais nos acotovelávamos com os outros passageiros. **Não havia toalha de mesa. Os marinheiros nos serviam a comida em pratos de ágata cujo esmalte havia saído em vários pontos já bem enferrujados. Os camponeses nossos vizinhos, quando não gostavam de alguma comida, simplesmente entornavam o prato jogando o conteúdo no chão.** Papai, que já estava meio desgostoso com aquele ambiente, não aguentou mais. Alegando não estar com fome, levantou-se e foi passear no convés; para cima e para baixo que nem um leão enjaulado.

Mamãe foi atrás para fazê-lo voltar à razão: a viagem duraria umas duas semanas e ele não poderia jejuar esse tempo todo. Mas papai não se deixou convencer. Quando mamãe voltou, decidimos guardar uns pedaços de carne com pão, tipo sanduíche, para ele comer no convés. Fizemos assim durante longos dias até o papai se aquietar e se conformar *ma non troppo* com a situação. (Na verdade, ele foi o mais afetado por todos os acontecimentos dos últimos anos e estava realmente revoltado e deprimido.) Já o Giorgio ambientou-se logo. Arranjou vários amigos e amigas com quem ficava jogando cartas horas a fio. Uma das moças declarou que ela não mais iria dormir naquele porão infecto. Ela ia se acomodar no tal e tal escaler – e mostrou qual era –, debaixo da lona que a protegia das intempéries. Daí em diante, o Giorgio e vários outros rapazes sumiam misteriosamente toda noite de seus respectivos dormitórios, e o Giorgio só aparecia de madrugada, na hora de a gente se infiltrar na segunda classe para tomar banho.

Nessa segunda classe, havia muita gente esquisita, mas também interessante. Uma delas era um escritor alemão, Roda-Roda (sim, este era mesmo o nome do homem! Ou, pelo menos, seu pseudônimo), que, quando não ficava horas, taque-taque, batendo em sua máquina de escrever portátil, mantinha uma espécie de salão literário no convés de cima (o deles). Falavam e riam alto, mas com o meu alemão não dava para compreender a conversa. Já papai e mamãe compreendiam e pelo menos tinham essa diversão.

158

No círculo do Roda-Roda, gravitava um cara que tocava sanfona com habilidade e isso me divertia bastante; era bom ficar ali ouvindo música e risos como se tudo estivesse normal e em paz. Sensação semelhante, mas ainda mais forte, tive alguns dias mais tarde, quando aportamos em Santa Cruz de Tenerife, nas Ilhas Canárias. Ali tivemos licença para descer por algumas horas. O lugar era muito aprazível. Anoitecia e no nosso passeio chegamos a uma linda pracinha, iluminada por lampiões. Das casas circundantes, vinham vozes alegres e de uma delas, som de piano e canto, como se fosse um sarau. Ah, fiquei tão contente! Mas alegria de pobre dura pouco. Um dia, o "grupo" do Roda-Roda caiu na bebedeira, em consequência da qual armaram uma briga dos diabos. Um dos bêbados começou a jogar tudo no mar. Antes que pudessem dominá-lo, lá se foram a máquina de escrever e – snif, snif – a sanfona. Eu fiquei quase órfã de música. Digo "quase" porque dali em diante vi-me obrigada a depender unicamente de minha própria musiquinha tirada de uma gaita de boca e do meu próprio cantarolar.

Essa lembrança me trouxe outra bem mais antiga. De Fiume, no período mais angustiante de guerra, perseguição, procura várias vezes frustrada por vistos, *black out*, madrugada ainda escura. De repente, da rua, veio um som de guitarra havaiana, com aquelas notas esticadas e várias vozes cantando em surdina, como se a felicidade tivesse medo de se revelar numa situação daquelas tão carregada de tragédia. E mesmo assim fiquei contente e comovida a tal ponto que senti um frêmito passar por mim: meus olhos ficaram cheios d'água e a pele dos meus braços parecia pele de ganso.

PARADA MILITAR.

Voltando à nossa breve passagem por Tenerife, aconteceu mais uma coisa ótima: no porto, havia várias pessoas vendendo bananas... Bem, a preços de banana. Só que, **para nós, banana, desde os velhos tempos de paz, era uma fruta exótica de preço impagável por nós meros mortais**. Aquilo era mercadoria para deuses, ou no máximo para multimilionários. Durante a guerra, então, nem pensar! Não havia bananas acho que nem para o Benito Mussolini. E aí, de repente, naquele porto, nos oferecem pencas e mais pencas de bananas, praticamente de graça. Pois nós ficamos quase doidos. Compramos várias dúzias delas. Verdade que o Giorgio sozinho de saída comeu uma dúzia, e olha que não eram pequenas, não. As bananas também serviram para socorrer papai quando seu estômago não permitia que ele se sentasse naquele – argh! – refeitório.

Já estávamos navegando há uns oito ou nove dias (não me lembro bem desses detalhes) quando, em pleno oceano, surgiu um submarino que mandou o navio parar. "Oh, ah será que são alemães? O que vai acontecer?" Graças a Deus não eram alemães. Era um submarino inglês. Uns oficiais vieram a bordo procurando determinadas pessoas que eles sabiam serem espiões alemães. Retiraram esses indivíduos e, junto a eles, para minha grande satisfação, também o cara que jogou a sanfona no mar. Foram interrogando e revistando também outros passageiros, mas os deixaram seguir viagem.

A respeito disso, eu ouvi já no Rio uma história incrível. Havia um joalheiro de Amsterdam, grande especialista em pedras preciosas. Dizem que sabia lapidá-las como ninguém. Bom, na hora de fugir, ele pegou um monte de brilhantes e rubis, pedras estas que representavam toda a sua fortuna, que não era pouca, botou-as num saquinho de camurça e, arriscando sua própria pele, conseguiu passar escondido da revista dos alemães, fugir da Europa e embarcar para o Brasil que nem nós. Aconteceu com ele também de terem parado o navio, mas os ingleses descobriram o saquinho de camurça e o tiraram dele. Disseram que iam averiguar a sua história e os seus antecedentes e que se estivesse tudo o.k. iriam devolver-lhe as pedras. O pobre homem ficou arrasado. Durante um ano viveu e sustentou a família vendendo chocolates (se não me engano) de porta em porta. Eis que, ao cabo de um ano, chamam-no à embaixada britânica. Depois da identificação de praxe, comunicaram-lhe que feitas as devidas sindicâncias decidiram que ele falara a verdade. Estava tudo o.k. e portanto estavam-lhe devolvendo as pedras.

Entregaram-lhe o mesmo saquinho de camurça e intimaram-no a verificar, diante deles, se todas elas estavam lá, sem falta. E estavam, imaginem vocês, estavam! Ficou rico de novo. Abriu a sua joalheria e foi viver feliz com a sua família até hoje, se no entretempo não tiver morrido por acaso. A única coisa que não sei se eventualmente ele não teria viajado no Cabo de Hornos. Pode ser que tenha sido um daqueles passageiros que foram revistados no nosso navio. Por outro lado, acho que os ingleses faziam isto com todos os navios que cruzavam os mares naquela época.

A visita dos ingleses foi o último grande acontecimento a divertir a galera. Nós ficamos muito satisfeitos de eles pegarem os espiões nazistas; foi sensacional. Isso me lembra a época da guerra em Fiume, com o *black out, etc. e tal,* mesmo assim vinham os ingleses para bombardear a cidade. E nós, os bombardeados, ficávamos exultantes com aquilo, nem que a gente também tivesse que morrer. Mas nós saímos antes de a coisa ficar preta. Enquanto estivemos lá, os aviões ingleses só jogavam bombas de magnésio, que, ao caírem lentamente, iluminavam a cidade e permitiam que eles a fotografassem à vontade. Localizar a refinaria de petróleo e a fábrica de torpedos deveria interessá-los sobremaneira.

Mesmo assim, no início, morreu gente pra burro, mas eram os próprios (quero dizer, burros), porque iam à janela para ver o espetáculo. Mas os projéteis que as baterias antiaéreas disparavam para cima acabavam caindo para baixo e matando o distinto público. Papai mandava a gente ficar quietinha nos vãos das portas, porque, mesmo que alguma bomba acertasse a nossa casa, haveria alguma chance de a parede ficar em pé e no vão da porta a gente se salvar.

Nos primeiros ataques aéreos, mamãe tinha que me acordar, pois eu dormia tão profundamente que não ouvia o ronco dos aviões, o repicar dos sinos de todas as igrejas, as sirenes de todas as fábricas, nem o tiroteio das baterias antiaéreas. **Em seguida, porém, acostumei-me a levantar dormindo ao ouvir qualquer um desses sons e me postar também dormindo num vão de porta. Conservei esse hábito por muito tempo, mesmo já mo-**

rando no Rio. Inúmeras vezes acordava encostada num vão da porta só porque um avião acabara de sobrevoar a nossa casa.

Voltando à nossa viagem, depois que os ingleses se foram, não aconteceu mais nada de notável, a não ser a nossa – a bem dizer, a minha – entrada triunfal na baía de Guanabara. Não sei se vocês notaram, mas eu observei que toda cidade tem um cheiro característico que é só dela. Assim, por exemplo, Fiume tem cheiro de maresia, que se nota desde as montanhas por onde o trem desce em direção à cidade. Budapeste cheira a banha de porco derretida. **Nova York cheira a charuto, Madrid, a folhas secas de plátano, e assim por diante. Naturalmente a gente só distingue esses cheiros logo no início, ao se aproximar das cidades. Depois nosso olfato se acostuma e aí a gente já não os sente mais.** Pois imaginem que nós ainda estávamos só nos aproximando da baía de Guanabara e já se fazia sentir, em alto-mar, um perfume exótico desconhecido, misterioso, que bem mais tarde fui descobrir: era de goiaba. Naquela época nós não conhecíamos essa fruta. Pois o Rio de Janeiro cheira, ou pelo menos cheirava naquela época, a goiaba. Estavam todos excitados com a iminência de nossa chegada. Tinham-nos falado que a entrada da baía seria algo de maravilhoso, lindo, imperdível. Por isso fomos o Giorgio e eu, bem cedo, tomar banho na segunda classe, para estarmos prontos e vestidos na hora H da chegada.

Ainda mal clareava o dia e eu estava me esgueirando de volta ao nosso porão, carregando a toalha de banho, o xampu, o sabonete e o pente. Com tudo isso, não me sobrava muita mão para me segurar no corrimão da escada de marinheiro, aquela que já descrevi a vocês e que tinha os degraus bem gastos e lisos. Nesta, o navio deu umas sacudidelas, eu perdi o equilíbrio e, catabum!, caí do oitavo degrau ao chão do porão. Um degrau de escada desse tipo costuma medir trinta centímetros, donde calculo que devo ter caído de uma

altura de dois metros e quarenta centímetros de ponta-cabeça. Instintivamente botei meus braços para a frente, de maneira que o meu braço esquerdo pegou todo o peso do meu corpo. Senti uma dor violenta e, de repente, vi que o meu braço ficou bem mais curtinho do que seria normal. É que houve um luxamento no cotovelo e o meu antebraço foi parar na altura do meu ombro.

Por uns instantes, fiquei meio abobada, estatelada no chão, e nessa já acorreram vários marinheiros, companheiras de dormitório etc. Os marinheiros queriam me levantar, mas todo movimento doía demais no meu braço. Aí eu pedi que me largassem que eu ia me levantar sozinha, que não era nada etc. Mas eles tinham medo de que eu desmaiasse de dor e por isso fizeram questão de me levar no colo até a enfermaria. Lá o médico teve que me dar anestesia geral, porque sem isso eu retesaria demais meus músculos de tanta dor e ele não conseguiria esticá-los para recolocar meu braço no lugar.

Meu pai, que assistiu a toda a operação, disse que dois marinheiros tiveram que ajudar o doutor a puxar o meu braço, que eu, mesmo dormindo, gemia quando, com muita dificuldade, eles finalmente puseram de volta meu antebraço no seu devido lugar. Aplicaram, em seguida, uma tipoia e o médico mandou que eu ficasse em repouso, deitadinha na enfermaria, e que ao chegar ao Rio me levassem direto ao pronto-socorro, para tirar uma chapa de raios X e ver se não havia quebrado algum osso. Deitada na enfermaria, não houve jeito de eu ver, fosse lá o que fosse, da entrada na baía da Guanabara. O perfume de goiaba ia ficando sempre mais forte e mamãe, papai ou o Giorgio vinham alternadamente me manter a par do desenrolar do cenário e me dizer a toda hora o que eu estava perdendo e como a vista era fantástica. Da baía do Quarnero estávamos chegando à baía de Guanabara. Deitada – nem ao menos podia me mexer muito porque o braço doía demais –, olhando as paredes brancas um tanto desbotadas da enfermaria, eu tentava me recordar dos contornos do monte Maggiore e das outras montanhas que beiravam o Golfo del Quarnero ou Carnaro. Na véspera de nossa partida para Roma, quase ao anoitecer, fiquei um tempão na varanda, olhando aquela serra, tentando gravá-la para sempre na memória.

Mal se passou um mês e meio ou, no máximo, dois meses, e eu já tinha dificuldade em reconstruir o perfil todo daqueles montes. Agora, setenta e tantos anos passados, não consigo reconstituir nem ao menos o monte Maggiore. Eta, memória marca barbante! Mas pensando bem é melhor assim. **Enquanto todos os meus amigos e conhecidos imigrantes morriam de saudades das suas respectivas terras, eu nunca senti nada disso.** Olha, para não ser tão radical, duas vezes senti algo sim, mas não acho que seria propriamente saudades. Uma vez, em 1964, quando da minha primeira viagem, já casada, à Europa. Estávamos o casal, o Paulo e eu, indo da França para Viena, de onde iríamos a Budapeste. O trem Arlberg Express parou por um tempo num vilarejo chamado Sankt Anton am Arlberg. Era fins de abril e o lugar, numa altitude bem grande, ainda estava coberto de neve. Descemos do trem só para sentir, depois de 23 anos, o friozinho e o cheiro de neve (neve tem cheiro, sabiam?). Pegamos um bocado dela e fizemos umas bolas que jogamos um no outro, rindo como quando a gente era criança. **Aí, de repente, eu senti um aperto no coração, como se naquela hora tivesse me dado conta de algo que perdi.** O Paulo teve a mesma e simultânea reação. Voltamos para o nosso vagão meio tristes e calados. Tínhamos os olhos úmidos... mas pode ser que fosse também por causa do frio. Eu tenho uma companheira na natação máster; é a doutora Consuelo. Num acidente de automóvel, ela perdeu uma das pernas. Ela me contou que enquanto fica de pé, tudo vai bem, mas ao se deitar sente dores muito fortes – imaginem! – na perna que já não tem mais. Não sei bem como, mas aquela nossa reação em Sankt Anton tem algo de parecido com estas dores.

Outra vez foi em 1982, na nossa segunda viagem à Europa. Em Madrid, pisando nas folhas secas de plátano (era outono) e sentindo-lhes o perfume, me dei conta de que pela Europa toda havia as mesmas ruas e avenidas com os mesmos plátanos, os mesmos perfumes de folhas secas, as arquiteturas muito parecidas, mesmo em sua diversidade, e que, **se eu tivera alguma vez uma pátria, ela certamente não tinha sido nem a Itália, nem a Hungria, e sim a Europa toda... Mas que diferença fazia isso naquela altura do campeonato? Que se danasse a Europa, eu era é brasileira!**

LUGOMARE DELLA MADONNINA, RETIRADA PELOS COMUNISTAS (DIR.), BARCOS NO PORTO DE FIUME (ABAIXO), HIDROAVIÃO NO PORTO DE FIUME (ESQ., ABAIXO)..

POLUIÇÃO NO PORTO
DE FIUME, FIUMANOS
CONSERTAM BARCO,
FIUME DO PORTO

E me deu de novo aquele aperto no coração e a sensação de ter perdido algo... Mas desta vez me refiz bem rapidamente: e se perdi algo? Encontrei muito, muito mais para me compensar! Senti, sim, saudades do Brasil, sempre que mais tarde viajei para a Europa, para os Estados Unidos e até para o Japão.

Voltando para aquela época, o "Cabo de Hornos" finalmente atracou no Rio de Janeiro, na praça Mauá. E nós, depois dos procedimentos burocráticos de praxe, desembarcamos e, como o médico recomendara, fomos direto ao pronto-socorro. Era o dia 11 de maio de 1941. Tia Valéria, tio André, a Erika (Csöpi) e o marido dela Alexandre (Sanyi) já estavam no Rio há alguns meses. Eles vieram com muuuuito dinheiro. Primeiro, porque de saída já estavam em melhores condições financeiras do que nós. Segundo, porque, antes de sair, a tia Valéria recebeu do seu contato do Vaticano uma quantia de dólares que, naquela época, correspondia a 800.000 milréis, para ela simplesmente guardar consigo até o fim da guerra e salvar pelo menos aquilo caso as coisas ficassem pretas por lá. Devia haver vários doleiros em várias partes do mundo com semelhantes quantias do Vaticano.

Para vocês fazerem uma ideia da quantia que aquela dinheirama representava, saibam que um salário-mínimo era de 60 mil réis, e seu poder de compra era superior ao do salário-mínimo de hoje. Por terem vindo financeiramente tão acolchoados, eles já estavam bem confortavelmente instalados num espaçoso apartamento da avenida Calógeras, no Centro. Mas, durante o tempo em que nos precederam aqui, conse-

guiram informações sobre acomodações plausíveis e baratas para nós. Reservaram dois quartos numa "Pensão Majestade" na rua Cândido Mendes, na Glória. Nos primeiros dias, eles (só a Csöpi e o Sanyi, que vieram antes dos tios Valéria e André) também estiveram na mesma rua, só que numa pensão um
 pouquinho melhor, chamada Pensão Roma.

Bom, logo que tive alta do pronto-socorro – tiraram várias chapas de raios X e constataram que não havia quebrado nenhum osso e que o braço tinha sido reposto direitinho no lugar –, dirigimo-nos a essa Pensão Majestade. O lugar era simpático: um casarão velho, mas limpinho, com um grande quintal que dava para um morro verdejante atrás da casa. Papai e mamãe receberam um quarto bem amplo no térreo. O Giorgio e eu fomos instalados num quarto também bastante grande, mas que era situado numa cava e só tinha umas janelas com grades semicirculares no alto, perto do teto, mas que em relação à rua ficavam baixas.

De qualquer jeito, o quarto não era nada desagradável. Seus móveis velhinhos, mas – talvez até por isso – interessantes, hoje seriam vendidos em lojas de antiquários. Havia, além das camas, dos armários, da mesinha e das cadeiras, uma cômoda com tampo de mármore e, em cima dela, um desses conjuntos de jarra e bacia de porcelana florida. Essas peças tampouco fariam feio num antiquário. A vantagem real da pensão era o seu pé-direito muito alto, o que a tornava agradavelmente fresquinha, pois o ar quente ficava concentrado no alto, deixando a gente

cá embaixo em temperaturas suportáveis apesar do calorzão de 41 graus, inteiramente atípico para o mês de maio. Estávamos todos muito contentes por termos conseguido escapar do inferno da Europa, por estarmos juntos, termos um teto em cima da cabeça, camas de verdade para dormir e – prazer supremo – mesa com toalha e louça limpinhas no nosso primeiro jantar no Brasil. **Só havia uma nuvem toldando tanta alegria: é que nosso dinheiro mal dava para pagar a pensão até o fim da semana. O que nós faríamos depois?** O Giorgio e eu não nos preocupávamos tanto. De alguma maneira sentíamos que a gente acabaria dando um jeito. Mas papai estava muito, muito tenso e se preocupava pela família toda. Como? Vocês acham que poderíamos pedir uns caraminguás à tia Valéria? Nem pensar! Daquele mato não iria sair coelho nenhum, a não ser algum sermão sobre economia, contenção de gastos e muita humilhação. Como, de fato, mais tarde iríamos verificar.

Logo nesse primeiro jantar apareceu um gato preto bonitinho, engraçado e simpático, que se sentava ao lado das mesas e com os olhos dourados tentava hipnotizar os comensais para lhe oferecerem alguma comida. Devo dizer que ele teve bastante sucesso com o Giorgio e comigo. A gente divertia-se alimentando o bichano. Embora outros pensionistas também fizessem o mesmo, o gato resolveu adotar a gente, e daí em diante não nos abandonou mais. Por isso resolvemos chamá-lo de Csiriz ("grude" em húngaro).

Quando íamos passear no quintal, o Csiriz nos acompanhava, só que ia sempre alguns passos à frente e olhava para trás, como quem pergunta "vocês estão me seguindo?". Ele nos guiava até uma árvore, aí subia nela e nos olhava triunfante lá de cima, como para dizer "estão vendo com eu sou talentoso?".

O pior é que ele resolveu desde o início dormir na minha cama, ao lado dos meus pés. Não que eu deixasse. A gente fechava a porta do quarto para ele não entrar, mas ele pulava pela janela quando nós estávamos dormindo. Eu acordava no meio da noite com o Csiriz roncando aos meus pés. Aí eu botava ele no chão. Ele fazia um "miau" muito irritado, "que modo de tratar os amigos é este?", mas ficava quietinho no seu canto até eu adormecer de novo, quando bem de mansinho voltava a se ajeitar aos meus pés. Enquanto estivemos na pensão, este era um jogo que se repetia várias vezes toda noite.

Uma vez, o Csiriz fez uma coisa terrível. É verdade que, em parte, não teve culpa, mas assim mesmo... Ele entrou como de costume, pela janela, no quarto da mamãe e do papai. A arrumadeira não se deu conta de que o gato estava lá dentro e fechou a janela. Mas o pobre diabo estava com uma bruta diarreia e por isso fez um enorme cocô meio líquido e fedorento no chão, ao lado do armário. Os gatos, sendo bichos muito limpos, ao fazerem cocô tratam logo de cobri-lo muito bem com terra ou areia. Como o coitado do Csiriz não dispunha de nada disso no quarto, tentou cobrir o seu produto com todos os sapatos do papai e da mamãe, enfileirados direitinho embaixo do armário e que ele puxou, com grande sacrifício, cuidado e esforço, para cima do montículo malfadado.

Quando meus pais descobriram, vocês podem imaginar o quanto ficaram furiosos. Papai, depois de caçá-lo pelo quarto todo, deu-lhe umas palmadas e jogou-o bem longe, porta afora. Depois o Giorgio e eu tivemos que ajudar a limpar, esfregar, lavar, passar álcool e tudo mais naquela fenomenal mixórdia:

– Vocês é que aliciaram este bicho nojento, agora ajudem a limpar os sapatos!

Veredito mais do que justo, que remédio? Limpamos.

Mas a travessura mais espetacular do Csiriz foi a seguinte: havia na pensão um freguês funcionário público chamado sr. Soares, que para nós soava com sr. Schwartz. Esse moço era extremamente pedante e antipático. Enquanto os demais fregueses sempre davam uma ou outra pelanquinha ao gato, o sr. Soares nunca se apiedava dele. Como funcionário público que era, tinha que pegar no batente às onze horas e por isso almoçava antes do resto de nós, às dez horas. Pois bem, uma vez, como de costume, o sr. Soares sentou-se à mesa e, aos seus pés, com a tenacidade de sempre, o Csiriz tentava hipnotizá-lo.

Nesse instante toca o telefone, e era para o sr. Soares. Enquanto ele falava ao telefone, o gato, de um pulo, subiu em cima da mesa, pegou o bife todo e, vupt!, correu para o jardim, de lá para o quintal e sumiu morro acima. Mas tudo isso com a velocidade premeditada de um raio. "Ah, bicho danado, vou me atrasar na repartição por causa deste isto e aquilo!", bufava o sr. Soares, mas o Giorgio e eu, assim como vários outros pensionistas, ficamos muito satisfeitos e rindo à beça. O sr. Soares evidentemente não gozava de grande popularidade no lugar.

Voltando ao nosso primeiro dia, ou melhor, à nossa primeira noite na pensão, eu não consegui dormir muito bem. Em parte porque estava excitada demais, em parte porque lutava com Csiriz para ele não subir na minha cama e finalmente porque dava tratos à bola para excogitar algum meio de ganhar dinheiro urgentemente para pagar a pensão.

Foi aí que me lembrei das receitas do doutor Chartoritzky. Só tinha um senão: para preparar os cremes, eu precisaria dos materiais químicos, de potes, de papel celofane para embrulhar os produtos e, principalmente, de um fogareiro a álcool. **Tudo isso ia custar dinheiro, pelo menos uma diária nossa na pensão. Se não desse certo, teríamos que dormir na rua antes do previsto. No dia seguinte de manhã, em conselho familiar, decidimos que valia a pena arriscar.**

O que, em parte, nos fez pender para esta solução foi uma experiência de uns dois anos antes, quando ainda abrigávamos fugitivos que se dirigiam à Palestina. Naquela época, morou na nossa casa uma moça polonesa chamada Malka. Enquanto esperava embarque num daqueles navios clandestinos, ela vendia produtos de beleza de porta em porta e tirava um bom dinheirinho com aquela atividade. É verdade que a Malka era uma vendedora extraordinária, mas algum dinheiro eu também haveria de ganhar.

Informei-me na pensão sobre o local onde poderia obter produtos químicos e de perfumaria. Me indicaram, se bem me lembro, a rua dos Andradas, no Centro. De tarde lá fui eu fazer as compras necessárias, e de noite já estava com a minha fabricazinha montada em cima da pedra de mármore da nossa cômoda. No dia seguinte de manhã, embalei os cremes e os botei numa pequena frasqueira, e de tarde fui tentar a sorte em algumas ruas lá por perto.

Ao tocar a campainha na porta dos apartamentos, meu coração disparava e, quando abriam e perguntavam o que eu queria, eu ficava muito constrangida, principalmente por não saber falar português. Tentava falar italiano, inglês, francês, húngaro e até alemão. Me ajudavam a mímica e os gestos. E não é que tive sucesso? Várias pessoas compraram os cremes. Por isso, à noite ao voltar para "casa", já tinha recuperado o "capital" investido e seguramente tinha ganho muito em confiança em mim mesma.

Daí em diante, saía todo dia de manhã, voltava para o almoço na pensão e tornava a sair de tarde para vender meus cremes de porta em porta. De noite, depois do jantar, dávamos grandes passeios os quatro, para conhecer as redondezas. Até o fim da semana, eu já tinha ganhado o suficiente para pagar mais uma semana de permanência nossa na pensão. Isso deu muita paz de espírito à família toda, porque percebemos que já tínhamos uma base para a simples existência e que, a partir daí, cada um poderia com mais calma procurar algum emprego ou ocupação temporária e que, afinal, não precisaríamos mais ficar sem teto.

Mamãe incumbiu-se de procurar um apartamentozinho bem barato, pois, se cozinhássemos em casa, ficaria mais em conta do que a pensão. Também decidimos nos inscrever na escola Berlitz de línguas, para aprendermos o quanto antes a falar português. Em pouco tempo, o Giorgio encontrou um emprego de vendedor numa firma Paul J. Christof, importadora de eletrodomésticos, que naquela época não eram ainda fabricados no Brasil. **Mas papai não conseguia se empregar, porque ninguém queria admitir uma pessoa da idade dele (50 anos). Julgavam-no velho demais.** Papai, coitado, ficava cada vez mais deprimido, apesar de nossa situação econômica melhorar gradativamente.

Enquanto isso, mamãe continuava à procura de um apartamento adequado para nós: e ela encontrou um ótimo com duas salas, dois quartos. Além de servir de moradia, ele daria também um excelente ateliê fotográfico para papai, já que tinha duas salas grandes enfileiradas no sentido longitudinal, de modo a oferecer boa distância entre a máquina e o modelo. A localização para um ateliê não podia ser melhor: na rua Santa Clara, esquina com avenida Copacabana. Era um andar baixo (primeiro ou segundo, não me lembro bem); para moradia seria meio barulhento, mas tem que se considerar que naquela época o tráfego na avenida Copacabana não era ainda tão infernal como é hoje.

Tudo seria perfeito, portanto, a não ser o fato de que o apartamento não era para alugar, e sim para vender. Até nisso era vantajoso, por ser baratíssimo: 10.000 milréis! Era barato assim porque precisava de alguns consertos, mas principalmente de pintura. A pintura nós mesmos poderíamos fazer e deixaríamos o resto para mais tarde, quando já estivéssemos em melhores condições financeiras. Comprando esse apartamento, meu pai conseguiria um trabalho digno, que o tornaria independente de patrões e humilhações. Mamãe então resolveu pedir o dinheiro emprestado à tia Valéria:

– Dez mil milréis??? Está louca? A qualquer momento, acabando a guerra, o Vaticano poderá me pedir a devolução dos 800 mil milréis, e aí eu vou fazer o quê?

GIORGIO

NORA

No entanto, a essa altura, há muito tempo o Sanyi já estava usando fartamente o dinheiro "santo". Só os juros de um mês daquela soma dariam os 10 mil de que a gente precisava. Mamãe argumentou que o Giorgio e eu já estávamos ganhando dinheiro e que, se papai também conseguisse algum, aliás, ela mesma também, porque poderia começar a costurar cintas e sutiãs, seria fácil a gente devolver-lhe tudo antes de a guerra acabar. Mas a tia Valéria não quis saber do negócio. Acho que foram a Csöpi e o Sanyi que deram o contra. A tia Valéria era completamente escravizada por aqueles dois. **Assim perdemos a possibilidade de tornar papai independente e, dentro do possível, satisfeito com a vida. Paciência.**

Mamãe acabou encontrando um apartamento pequenino, mas muito simpático, na rua Paissandú, esquina com a Presidente Carlos de Campos. Aliás, ao contrário, pois a entrada do prédio era nesta última rua. O apartamento era na cobertura (quinto andar) e servia antigamente para abrigar o porteiro. Tinha uma grande sala em L e um quarto com um banheiro anexo. Estranha era a cozinha, que tinha dentro, sem nenhuma ventilação, o banheiro de empregada. Naturalmente, nós só usávamos aquele cubículo para depósito.

Papai e mamãe dormiam em dois sofás-camas em L postos no canto do L das salas. O Giorgio dormia num outro sofá-cama, na parte da entrada das salas, e eu, a privilegiada, dormia numa cama no único quarto do apartamento. Havia um enorme tipo de armário embutido baixo, de um metro ou um metro e meio de altura, que se estendia por baixo da casa de máquinas dos elevadores. Ali pudemos guardar os dois grandes baús com os quais viemos da Europa, e dentro deles grande parte de nossos pertences, pois não havia espaço no apartamento para muitos armários. Havia, sim, um no meu quarto, o banheirinho "depósito" da cozinha, e só. Mas naquele armário embutido debaixo da

casa de máquinas caberiam fácil mais umas quatro ou cinco arcas semelhantes às nossas. O ponto alto luminoso e esplêndido da nossa morada era, sem dúvida, o terraço enorme de uns quatro metros de largura, que contornava em L o apartamento todo e dava para as copas das palmeiras-reais da rua Paissandu. Cada copa tinha um broto de folha erguendo-se qual ponta de lança para o céu e, na ponta de cada uma, empoleirava-se um bem-te--vi. Nossas salas tinham grandes janelas para o terraço e todo o apartamento era claríssimo, ensolarado, alegre, uma glória!

Ah, mas deixa eu contar. Na última noite que passamos na pensão, antes de nos mudarmos para o apartamento, parece que o Csiriz pressentiu alguma coisa. Não desgrudava da gente nem por um instante e, quando decidimos dar o nosso passeio costumeiro depois do jantar, acompanhou-nos até a praia e, assim que entramos numa leitaria para comer uns cremes de maisena – vinham em copos meio baunilha (branca) e meio chocolate (bem escuro) e eram muito gostosos –, o gato, coitadinho, entrou conosco e ficou nos olhando com cara triste mesmo.

Eu fiquei arrasada por ter que deixá-lo na pensão, mas a família decidiu que ele estaria melhor no casarão ao qual pertencia de verdade, onde tinha aquele grande quintal para espairecer e a simpatia de grande parte dos pensionistas. Tudo isso provavelmente era verdade, mas mesmo assim doeu muito me separar dele.

Aos poucos, eu já estava arrumando um bom número de freguesas fixas que, satisfeitas com os meus cremes, tornavam a comprá-los e até me recomendavam às amigas. Uma dessas freguesas era uma senhora austríaca que se divertia para valer com o meu alemão. Às vezes, ria de perder o fôlego, mas gostava muito de mim e me encorajava a contar mais e mais a respeito da nossa vida e de nossos problemas. Ela (sou uma ingrata por não me lembrar de seu nome) tinha um namorado tcheco de nome Schtekli (será que se escreve assim?). O senhor Schtekli era chefe de rotogravura da revista *O Cruzeiro*. Pois ela mandou que papai o procurasse em seu nome, que ele certamente iria lhe arranjar algum emprego. Dito e feito: papai foi lá e o senhor Schtekli mandou que fizesse um teste para retocador de fotografia, coisa que papai fazia maravilhosamente bem. Passou na hora e, no dia seguinte, já começou a trabalhar, para grande alívio e alegria de todos nós.

O Giorgio também estava se firmando bem no seu trabalho. Logo, logo, conseguiu comprar uma geladeira, se bem me lembro, Westinghouse, a preço de custo na firma, e ainda por cima em prestações. Compramos também uma máquina de costura Singer, ainda daquelas de pedal, que a gente mexia com os pés. Assim mamãe pôde começar a fazer cintas e sutiãs, o que aumentou ainda mais a nossa renda familiar.

Há coisas que o destino traça e a gente não pode evitar. Quando viemos embora da pensão, resolvemos deixar o Csiriz para trás, porque ele pertencia àquele casarão, mas também porque era evidente que não poderíamos abrigar um gato num apartamento que era um ovo de tão pequeno e que, ainda por cima, estava no quinto andar. Qualquer pessoa de bom senso há de concordar com isso. Pois um belo dia a mamãe pareceu ouvir uns miados fraquinhos atrás da porta da cozinha.

– Aqui no quinto andar? Impossível! – opinamos, mas fomos até a cozinha para escutar.

– É mesmo, parecem miados! – Mamãe abriu a porta e lá estava um filhote miudinho, cinza, tigrado só no peito e que tinha uma mancha branca em forma de babador. Era lindinho o pobre coitado e miava de dar dó.

– Ele deve estar esfomeado – constatou mamãe, e já pegou uns pedaços de queijo e um prato de leite morno, que o bichinho consumiu com avidez.

– Bom – a gente disse –, agora nós o alimentamos, mas não podemos deixá-lo entrar; afinal num apartamento tão pequeno e ainda por cima etc., etc. – Então fechamos a porta e fomos cuidar cada um dos seus afazeres.

Normalmente não usávamos a saída da cozinha, só a da sala. A gente abria a porta de serviço apenas quando vinham o leiteiro, o padeiro, o vendedor de miúdos de boi (pois é, naquela época existiam todos esses ambulantes) ou quando era para levar o lixo para a lixeira. Por isso, passou-se praticamente um dia até a

EM SENTIDO HORÁRIO, EDOARDO, NORA E IOLANDA.

mamãe abrir a porta de novo. E aí o gatinho, que estava dormindo encostado à porta, rolou cozinha adentro.

– Coitado! – disse a mamãe. – Ele deve estar morto de fome – e alimentou o gatinho de novo.

– Assim esse bicho não irá embora daqui nunca – constatou

com muita razão meu pai. – Giorgio, leva este gato lá para baixo, por favor.

Nós "crianças" já ficamos com pena dele, mas o Giorgio obedeceu, porque afinal não poderíamos num apartamento tão pequeno e ainda por cima etc., etc. Passou-se mais um dia e, quando mamãe abriu a porta da cozinha, lá estava o gatinho de novo. Dessa vez, nós não estávamos em casa. Mamãe condoeu-se do bichinho e não o pôs fora de casa depois de alimentá-lo. Quando chegamos de noite, o bichano já estava todo fagueiro instalado em seus novos domínios, isto é, deitado no sofá-cama da mamãe.

É verdade que não deveríamos abrigar um bicho num apartamento tão pequeno, mas por outro lado reconhecemos, isto é, papai reconheceu, que a mamãe ficava o dia inteiro sozinha em casa, e o gatinho, pelo menos, lhe faria companhia. Giorgio e eu não precisamos reconhecer nada, pois sempre estávamos inclinados a recolher bichos abandonados. É isto aí: o destino quis que tivéssemos um gatinho. Não trouxemos o Csiriz e ele nos mandou este.

– *Micio, micino* – dissemos paparicando o gato. – *Cicuka* (leia-se Tzitzuca) – disse a mamãe, e o gato ficou sendo Cicuka.

A rigor ele deveria ficar ofendido, pois cicuka é *"gatinha"* em húngaro, e ele era muito macho, só que ainda tão pequeno que nem ele nem nós sabíamos bem o que era. Como o gatinho não reclamou – vai ver também não falava húngaro –, ele teve que se conformar em ser Cicuka mesmo para o resto da vida.

A freguesia da mamãe cresceu rapidamente. Chegou um momento em que ela não mais podia dar conta dos trabalhos domésticos e da costura de cintas e sutiãs também. Resolvemos então contratar uma empregada que viria de manhã e sairia à tardinha. No nosso apartamento, jamais poderíamos ter alguém que dormisse no emprego. Encontramos uma moça bastante competente e assim mamãe não precisava mais se cansar tanto. Foi bom termos feito isso, porque mamãe estava sentindo-se muito cansada e também tinha uma dor desagradável no ombro.

Eu incrementei as minhas vendas fabricando broches com flores de feltro e bonecas de feltro. **Em minhas andanças, encontrei uma costureira húngara, dona Helena. A pobrezinha também tentava sobreviver com unhas e dentes e trabalhava dia e noite. Mesmo tendo pouco dinheiro, ela sempre comprava algum creme e eu sentia que ela fazia isso só para me ajudar.**

Um dia, ao visitá-la, conheci duas de suas freguesas: era uma moça chamada Berger Piri e sua mãe. Eram húngaras também e eram riquíssimas. A dona Helena recomendou-lhes os meus produtos de beleza. A velha olhou tudo enquanto conversava comigo. Perguntou-me de onde vínhamos, quem era meu pai, minha mãe, o que faziam... Depois disso, ela disse que não queria comprar nada e acrescentou:

– Sabe, meu bem, muito me admira que a sua mãe deixe você deste jeito vendendo coisas de porta em porta. Assim, querida, logo, logo você há de receber propostas indecentes, e não só de homens, mas de mulheres também – e mais não disse, nem lhe perguntei.

Despedi-me da dona Helena e, durante todo o caminho de volta para casa, tentava compreender o que aquela dona queria dizer com aquilo. **Eu me considerava muito esclarecida e sofisticada. Já sabia que as crianças não eram trazidas pela cegonha nem podiam ser compradas, como havia acreditado longamente na minha infância.** Tinha, portanto, uma vaga ideia do que seria uma proposta indecente de um homem. Mas o que seria uma proposta indecente de uma mulher? Não fazia sentido.

Remoendo esse mistério, cheguei em casa e fui logo contando o que acontecera e perguntando a meus pais se eles atinavam com aquela frase tão enigmática. Meu pai ficou roxo de raiva. Chamou aquela senhora de tudo quanto vocês podem imaginar, palavras cuja maioria eu nem compreendia, mas pelo tom intuía que não poderiam significar nada de elogioso. Mas, no fim, meus pais tiveram que me esclarecer sobre aquela frase e foi assim que eu vim a saber que existia homossexualismo no mundo.

Nem meus pais nem eu gostávamos muito de eu ter que vender cremes de porta em porta, isso é claro. Nós procurávamos diariamente nos anúncios de jornais algum emprego adequado para mim, só que a gente não encontrava nada. Tia Valéria veio com um achado formidável: um anúncio em que procuravam babá para cuidar de 4 (quatro!) crianças, e o salário não seria mais do que eu já ganhava vendendo meus cremes.

– Estranho – reagiu tia Valéria à negativa da mamãe. – Antes de emigrar, vocês disseram que, uma vez "lá fora", aceitariam qualquer trabalho, e agora vocês estão com essa frescura toda?

Mamãe achava que quatro crianças seriam uma responsabilidade grande demais para a minha pouca experiência, mas a tia Valéria morria de medo de que nós eventualmente fôssemos precisar de alguma ajuda financeira deles. Enquanto isso, o Giorgio e eu estávamos tentando legalizar os nossos documentos escolares para podermos continuar os nossos estudos. As exigências burocráticas eram infernais. Antes de sair da Itália, nós deveríamos ter autenticado aqueles documentos na embaixada do Brasil de lá. Mas nós não sabíamos disso, e agora tínhamos que levar nossos boletins para as embaixadas italiana e húngara daqui, para que elas confirmassem a autenticidade de cada documento, de acordo com sua procedência italiana ou húngara. Antes, porém, tínhamos que mandar traduzir tudo para o português. Cada etapa durava meses e nos levava a verdadeiros ataques de nervos. Quando tudo ficou pronto, tivemos que pagar uma taxa, uma escorchante nota preta. E aí o Brasil declarou guerra ao Eixo e as autenticações das embaixadas da Itália e da Hungria perderam o seu valor. Tivemos que recomeçar tudo na embaixada da Suíça (para os documentos italianos) e da Suécia (para os húngaros).

Mas eu estou me adiantando muito, já que essas *démarches* se estenderam por anos a fio. Voltando à questão do meu emprego, mamãe finalmente encontrou um anúncio no jornal que parecia bom para mim. Um escritório no centro procurava "moça desenhista". É verdade que eu não era propriamente desenhista, mas sabia desenhar bastante bem, por inclinação natural e também pelas longas tardes que, ainda criança, passara desenhando na secretaria de obras de Fiume, em que meu tio André era o diretor e eu era a queridinha dos desenhistas.

Confiantes neste meu talento, lá fomos nós, mamãe e eu, tentar a sorte naquele escritório. Quando chegamos, já havia uma fila de moças, todas atrás desse emprego. O chefe ou dono do escritório, um senhor tipo quarentão, era chamado capitão não sei o quê (já esqueci o nome, só me lembro do capitão). Ele ia entrevistando todas as moças e finalmente a mim também. Resolveu ficar comigo. Foi uma alegria para a mamãe e para mim.

Comecei no dia seguinte. O capitão disse que já que eu falava italiano, húngaro, francês e inglês (não tive coragem de incluir o alemão), que eu fosse desenhando um aviso: *"Si parla italiano – Beszélünk magyarul – On parle français – English spoken"*. **Comecei o meu trabalho e caprichava de verdade. Mas o capitão parecia o perfeito desocupado. Ficava o tempo todo em volta da prancheta conversando abobrinha e atrapalhando o meu serviço.** No dia seguinte, ele disse que, eu sendo desenhista, provavelmente iria me interessar muito pelo filme, se não me trai a memória, *Fantasia,* de Walt Disney e que nós dois poderíamos ir ao cinema depois do expediente.

– Hoje não posso – disse eu –, porque não sei se o meu irmão terá tempo de nos acompanhar. Mas talvez amanhã a gente possa ir porque até lá terei tempo de combinar com ele. De qualquer modo, muito obrigada pelo convite.

No dia seguinte, fui despedida. E voltei a vender meus cremes. Andando pelo Centro, na hora do almoço, não me lembro se na rua Gonçalves Dias ou na rua do Ouvidor, papai viu uma lojinha de artigos para escritório, papelaria e principalmente de canetas-tinteiro. Chamou-lhe a atenção o nome do dono "Antal Turcsányi" afixado no frontispício da loja. É que de repente ocorreu-lhe que no primeiro ginásio em Budapeste eu havia tido uma coleguinha de turma chamada Éva Turcsányi. Entrou, pois, na loja e pediu para falar com o dono.

– Sou eu mesmo – disse um senhor também cinquentão que lá estava.

Papai apresentou-se em húngaro e explicou que tinha uma filha que frequentara o primeiro ginásio do Veres Pálné Leány Gimnázium, onde teve uma colega de nome Éva Turcsányi. Ele queria saber se o sr. Turcsányi por acaso não era parente da menina Éva e se, por acaso, sabia da sorte da menina. Onde estaria, o que é que estaria fazendo... O sr. Antal disse que era o pai da Éva e que estava aqui no Brasil com a família toda. Ficou supercontente, abraçou papai e disse que teriam que promover o encontro das duas famílias, contar uns aos outros sobre a fuga da Europa e, enfim, estreitar os laços da amizade.

Com este fim, marcaram um encontro para sábado de tarde numa confeitaria na rua Senador Vergueiro, esquina da Paissandu. Essa confeitaria (se não me engano, chamava-se Confeitaria Americana) seria cômoda para ambas as partes, já que os Turcsányi moravam no Morro da Viúva. Esse encontro de sábado à tarde tornou-se em seguida quase uma tradição. Sempre aos sábados encontrávamos os Turcsányi.

O sr. Antal era, não diria gordo, mas seguramente "forte", com bela cabeleira branca. Cordial e bonachão, diferia bastante da mulher, a dona Bigyi (não sei qual seria o nome que deu esse diminutivo). Esta era gorda, ranzinza e vivia ofendida com o mundo inteiro, mas principalmente com as outras senhoras da colônia húngara, que, como pudemos averiguar mais tarde, também viviam ofendidas umas com as outras, mas mesmo assim não se desgrudavam. Os Turcsányi tinham duas filhas: a Éva, a mais velha, era longilínea, benfeita de corpo, muito bonita e afável, se bem que bastante frívola; já a Ágnes (Ági) parecia demais com a mãe. Além de gorducha, tinha a cara redonda, o nariz batatudo, os modos bruscos que a faziam parecer uma pequena camponesa. Sua índole também parecia com a da mãe. Dava a impressão de estar eternamente insatisfeita com a vida e gostava de dizer coisas desagradáveis a todo mundo, mas principalmente a mim. A Ági tinha um namorado de nome Marcus Jaimovich (com quem casaria mais tarde), que naquela época fazia um curso CPOR do exército. Esse curso evitava que os estudantes tivessem que servir três anos e perdessem todo esse tempo de seus estudos. Fazendo o CPOR, os caras livravam-se com um ano apenas. Devido a esse curso, o Marcus tinha uma pistola (ou revólver? Sei lá, não entendo dessas coisas) com a qual brincava feito um idiota. Apontava-a para todo mundo. Eu pedi que parasse com aquilo. Mesmo que não fosse carregada, era uma atitude rude e sem gosto a dele. Mas, em vez de parar, o Marcus apontou-a para mim. Ah, não tive dúvidas, peguei uma cadeira e parti para cima dele. Aí o pessoal gritou apavorado e seguraram o Marcus de um lado e a mim do outro. Desde aquele encontro quase inicial, eu nunca mais fui com a cara dele. E ele ainda dizia que eu não tinha senso de humor. Através dos Turcsányi, viemos a conhecer vários membros da colônia húngara. Os Hajdu era um casal da idade de meus pais que não tinha filhos, motivo pelo qual a Hadju *néni* era meio carente e esperava que o Giorgio e eu lhe déssemos mais atenção do que nós podíamos lhe oferecer. Os Grünfeld, que eram dois irmãos. O Dénes (Döme), casado com a Rózsi *néni,* que tinha duas filhas e um filho. Eu me dava, na verdade, só com a filha mais velha, a Judite, que mesmo assim era uns dois anos mais nova do que eu. A Rószi *néni* era do tipo da Hajdu *néni,* sempre achando ruim eu não ir visitá-la mais amiúde. **Imaginem se eu fosse dar a atenção que todas as *magyar néni* (senhorinhas húngaras) esperavam de mim: não teria sobrado tempo para mais nada, nem para trabalhar nem para estudar, sem falar**

de um pouco de descanso e divertimento, que afinal eu não era de ferro, não é?

O outro Grünfeld chamava-se István (Estevão), e era casado com a Grünfeld Klári, a única *magyar néni* normal, que jamais se ofendeu comigo e que me recebia sempre com a maior simpatia. Ela também tinha a cabeça mais aberta entre todas aquelas senhoras. Estes Grünfeld tinham uma filha biológica e um filho adotivo. Nós nunca chegamos a ter contato muito forte com essas crianças por serem mais novas do que nós e pela falta crônica de tempo de que padecíamos. Havia ainda os Takács. A senhora Takács também fazia sutiãs, mas já em certa escala industrial. Os seus sutiãs eram vendidos em lojas de lingerie sob a marca "Oli", diminutivo de Olga, seu nome próprio. Dona Olga só tinha um filho, o Kázmér, vulgo Kazi (em português, Casimiro). Este era da nossa idade, portanto, da nossa patota: Évi, Ági, Judite, Marcus, Kazi.

A gente se encontrava semanalmente com eles, mas, quando a turma resolvia vir para a nossa casa, era um desastre. O Kazi era tão estabanado que *sempre,* repito, sempre quebrava alguma peça da louça preferida da mamãe, louça que nós trouxemos com o maior sacrifício da Europa. E o pior era que ele não se contentava em quebrar uma ou outra xícara de chá ou café. Tinha que ser bule de chá, açucareiro ou coisa parecida. Em suma, o Kazi, embora boa-praça, era um bolha perfeito. Depois de algum tempo, mamãe desistiu de servir lanche para o pessoal da colônia húngara em seu serviço Rosenthal e comprou uma louça bem barata e vagabunda para o Kazi poder quebrá-la à vontade. Esses encontros e o enturmamento aconteceram quase que instantaneamente depois do encontro do papai com o sr. Antal. **Eu creio que os imigrantes ficam tão isolados na nova sociedade e tão secos para falarem sua própria língua que se aglutinam como se fossem restos de algum naufrágio depositados na mesma praia por alguma corrente marinha.**

Um dia, em conversa com o papai, o sr. Turcsányi estranhou que eu fizesse tanta força para voltar a estudar.

– Para que tanto estudo? – perguntou. – Uma mulher tem é que casar, ter filhos e cuidar deles e do maridão – sentenciou. – E por falar nisso – prosseguiu –, observei que o Giorgio e minha Évi se deram bastante bem um com o outro. Eu vejo isso com a maior simpatia e se você, Ede (meu pai), não tem nada contra, os dois poderiam se casar.

Papai agradeceu a confiança, mas explicou que o seu filho precisava antes concluir os estudos e arranjar uma ocupação que lhe permitisse dar conforto e segurança à sua esposa e a seus eventuais filhos. O senhor Antal achava que nada disso era necessário. Caso o Giorgio se tornasse seu genro, poderia entrar na sua firma e trabalhariam juntos. Papai não achou isso uma boa solução, mas concedeu que, por enquanto, **o Giorgio poderia cortejar a Évi (ninguém de boa família "namorava" naquela época com o sentido e a liberdade aceitos hoje até para crianças de 15 anos)**. Mais tarde noivariam e, quando o Giorgio se formasse e arranjasse um emprego razoável, casariam. Papai também sabia que o Giorgio gostava da Évi e ficaria supercontente de poder cortejá-la.

De fato, meu irmão vibrou com a novidade e imediatamente convidou a Évi para irem juntos ao cinema. Foram. Depois disso, a coisa esfriou. A Évi arranjou um "namorado" de nome Billy, que passou a trazer para todos os encontros que o Giorgio solicitava, e até para os nossos encontros tradicionais dos sábados. O que acontecera naquela sessão de cinema? Soubemos mais tarde que **a Évi (muito liberada para a época) esperava que o Giorgio a amassasse, a beijasse. E o Giorgio a respeitara, considerando-a sua futura noiva e esposa, e principalmente por ter sido aquele o primeiro encontro, digamos, romântico dos dois.**

O Marcus era escoteiro do mar, e uma vez convidou a nossa patota para acampar com os escoteiros numa ilha destas, perto de Brocoió, cujo nome me escapa no momento (eta, velhice chata). Fomos e nos divertimos bastante: dormimos embaixo de barracas e à noite acendemos uma fogueira na praia debaixo de lua cheia. Um dos escoteiros tocava violão, e eu, a minha gaitinha, enquanto os outros cantavam; menos o Giorgio, que sempre foi muito desafinado. O único senão foi o seguinte: havia um rapaz, Fritz Alencastro Guimarães (seu pai era, se não me engano, diretor da Estrada de Ferro Central do Brasil). Esse rapaz tinha um cachorro e eu tinha um lindo chapéu de palha de Firenze, com umas flores do campo em volta. Não é que o desgraçado do cachorro estraçalhou o meu chapéu? E o Fritz só fez é pedir desculpas, mas não me ressarciu o prejuízo. Apesar desse contratempo, lembro-me sempre com prazer daquela excursão. Foi uma das poucas ocasiões em que pude deixar as preocupações com a vida de lado e ser uma garota quase normal: alegre e feliz.

No entretempo, chegaram ao Brasil os meus primos Ernesto e Ugo. Este último não teve muita dificuldade para arranjar emprego. Havia naquela época um verdadeiro *boom* da construção civil, a tal ponto que as construtoras é que tinham dificuldade para arranjar técnicos competentes. O Ugo era arquiteto formado na Itália, seu diploma não tinha validade aqui, mas competente lá isso ele era. Assim pois, em breve, já estava trabalhando na firma Gusmão, Dourado e Baldassini. Já o Ernesto eram outros 500 mil réis (como se dizia na época). O Ernesto não tinha profissão alguma. Quando moço, meu tio Samuel mandou-o para a Universidade de Bologna para que estudasse Medicina, já que ele manifestara vontade de se tornar médico. Meu tio pagava moradia com pensão completa e despesas para livros, jalecos etc., e mais uma mesada.

Passavam-se os meses e os anos e Ernesto não produzia um boletim sequer, mas sempre contava histórias sobre os incríveis exames nos quais teria obtido excelentes resultados. Depois de alguns anos dessas histórias, tio Samuel começou a desconfiar. Foi pessoalmente para Bologna e, na Faculdade de Medicina, pediu informações sobre o estudante Ernesto Tausz.

– Não há nem nunca houve ninguém com esse nome inscrito, nem na Faculdade de Medicina nem em qualquer outra unidade de nossa universidade, meu senhor – respondeu o secretário.

Pesquisando mais, meu tio descobriu que o Ernesto ficara esses anos todos na boa vida, gastando o rico dinheirinho suado de seu pai com mulheres e com seus cupinchas, nos bares e em jogatinas. Além de muito deprimido, tio Samuel ficou também completamente indignado. Pegou o seu filho pelo cangote e levou-o de volta para Fiume, onde o fez trabalhar sem um tostão de remuneração na sua firma de comércio de vinhos por atacado; e para trabalhar nas tarefas mais subalternas possíveis.

Pois é, esta era a razão pela qual o "coitadinho" do meu primo não tinha profissão nenhuma apesar de já estar com uns 32-33 anos. Corriam, além disso, umas histórias esquisitas a respeito de sua atuação no tempo em que ele ainda ficara na Europa, depois da nossa saída. Ele nos disse que tinha conseguido se salvar servindo de tradutor para as tropas alemãs, que haviam ocupado o norte da Itália. **Agora eu não sei de fato o que teria sido que ele aprontou, mas a verdade é que o Tito e seus guerrilheiros andaram procurando por ele para enforcá-lo, pois o acusavam de colaborador dos nazistas.** Ainda bem que a essa altura ele e sua família já estavam a salvo aqui no Brasil.

Outra história bem característica do Ernesto: o Giorgio e eu, durante os últimos anos em Fiume, colecionamos umas figurinhas que vinham de propaganda nos produtos das fábricas Perugina (de chocolates) e Buitoni (de massas). As figurinhas referiam-se às personagens de um livro escrito por dois humoristas italianos (Nizza e Morbelli) especialmente para aquela campanha publicitária, e cujo título era *Il grande saladino.* Algumas das figurinhas eram raríssimas de se encontrarem, como a que retratava justamente *"Il grande saladino"*, que era a mais rara de todas. Outras eram muito comuns. Juntando certo número delas, a gente podia escolher entre vários prêmios. Juntando um álbum completo, os prêmios eram melhores, e havia prêmios sensacionais como bicicletas, esquis, máquinas de costura etc. – mas para estes a gente deveria juntar um número exorbitante de álbuns completos.

Bem, nós conseguimos um álbum que nos rendeu justamente o tal livro *Il grande saladino,* que não podia ser comprado em livraria alguma e que era cobiçado por muita gente, em parte porque era realmente muito bom e em parte por ser tão difícil de conseguir. Quando viemos embora para o Brasil, houve muita coisa que não pudemos trazer conosco, entre elas *Il grande saladino.* Deixamos essas coisas com o Ernesto, que as guardaria até poder remetê-las para a gente; se porventura eles também conseguissem emigrar, deixariam tudo com a tia Lídia ou com uma das nossa primas. Quando o Ernesto chegou, disse-nos que todos os nossos pertences haviam sido roubados pelos nazistas. Bom, que remédio, a gente se conformou.

– O nosso livro também? – perguntamos nós "crianças".

– O livro também – confirmou Ernesto.

Um belo dia, ao visitá-los, nós avistamos *Il grande saladino* numa mesinha. Ao perceber o nosso olhar surpreso, nosso primo apressou-se em dizer:

– Este livro é meu, não é o de vocês.

Ora, isso era impossível, pois eles não eram colecionadores das tais figurinhas e, nos anos em que eles ficaram ainda por lá, não havia mais nem chocolate nem massas, e portanto não poderiam ter juntado as respectivas figurinhas. Nós fizemos de conta de que acreditamos...

Uma vez, o Ugo veio me pedir para eu dar uma mãozinha lá na seção técnica da Gusmão, Dourado e Baldassini. Era, se não me engano, uma quinta-feira de noite e eu deveria começar o biscate no dia seguinte cedinho de manhã.

Acontecia que eles souberam que o gabarito de altura das construções em determinada rua iria ser rebaixado. A firma possuía um terreno justamente ali. Se conseguissem dar entrada com o projeto naquele terreno até segunda-feira para obter licença de construção da prefeitura, teriam o direito ao antigo gabarito assegurado; senão, babau. Arcariam com o prejuízo de vários andares a menos na construção. Por azar, eles não tinham elaborado ainda nenhum projeto, que diria ter o projeto prontinho com plantas de subsolo, térreo, pavimento tipo cobertura, mais cortes transversais, longitudinais e fachada, planta de situação... o escambau. E tudo isso em tela a nanquim.

É, pessoal, naquela época, era obrigatório o uso de tela com um tratamento especial (acho que era alguma cera ou o quê), que a tornava transparente que nem o "papel vegetal" e que fazia com que fosse impermeável ao nanquim – porém à água não, pois molhada ficava manchada. Lavando-a, ela se tornava um pano comum bem fininho e macio. Agora, não havia coisa que as baratas gostassem mais de comer do que essas telas. Todo projeto antigo acabava com umas partes roidinhas por elas.

Voltando ao projeto, o pessoal decidiu fazer qualquer coisa "nas coxas", dar entrada e mais tarde entrar com um projeto de modificação do projeto original. Mesmo assim, o trabalho seria gigantesco: deveríamos trabalhar sábado e domingo também até altas horas da noite. Nessa tarefa, eu fui muito útil, pois uma das coisas que mais gostava de fazer em criança quando visitava a seção técnica do tio André era justamente copiar a nanquim sobre tela os trabalhos dos desenhistas. Eles odiavam fazer isso e portanto ficavam muito contentes de ter uma ajudante otária que se incumbisse da parte mais chata dos desenhos. Mas, com isso, eu adquiri bastante prática no manejo do tira-linhas (é, pessoal, não havia canetas grafos e outras maravilhas da tecnologia naquela época, quanto mais esses modernos programas do tipo autocad) e também desenvolvi umas letras de forma e algarismos de arquiteto bastante aceitáveis (não havia, ou pelo menos não era de uso habitual, o normógrafo).

Devido a essa minha prática adquirida na infância, pude me juntar à equipe como se realmente fosse uma desenhista. Ralamos, ralamos, tresnoitados, mas finalmente aprontamos o projeto para dar entrada na prefeitura antes do encerramento do expediente da segunda-feira.

– A menina desenha muito bem – disse ao Ugo o dr. Alessandro Baldassini, que era o chefe da seção técnica. – Pergunte à sua prima se ela não quer ficar aqui de vez, como desenhista.

É claro que eu queria. Era tudo o que eu queria. O salário inicial era para lá de mixuruca; talvez até pouco menos do que eu conseguia mensalmente vendendo os meus cremes, mas eu detestava vender cremes de porta em porta e gostava de desenhar. Além disso, eu tinha confiança de que, à medida que ganhasse prática na profissão, também conseguiria aumentos razoáveis, coisa que jamais atingiria como vendedora. Foi assim que consegui o meu primeiro emprego de verdade.

Além do Ugo, ainda havia um desenhista-chefe, Rodolfo, de sobrenome alemão que me escapa no momento, um engenheiro, dr. Tenore, a secretária particular do dr. Baldassini e...bem... acho que o Giuseppe Gamarrano. Estou meio em dúvida se este último não teria sido meu colega no atelier do dr. Fossati, mas acho que não (eta, velhice chata, a gente confunde tudo).

Vocês não podem imaginar como este meu primeiro emprego foi importante, não só naquela época, por me dar uma segurança que era muito necessária, mas também por causa das consequências que viria a ter no futuro (agora já passado) da minha vida. Foi devido a ele que acabei resolvendo estudar arquitetura, quando chegou o momento de escolher uma profissão. E foi como arquiteta que batalhei, durante mais de 25 anos, em várias firmas de construção. Por fim, foi na Faculdade de Arquitetura que encontrei a minha estabilidade profissional.

E por que enveredei pela carreira acadêmica? É que percebi que, naquela época, para se dar bem na vida, um arquiteto tinha que já nascer numa família rica, com as conexões sociais necessárias, ou precisava pertencer ao "partidão", que lançava os nomes dos arquitetos no mercado, ou pelo menos aumentava a fama daqueles que pertenciam a seus quadros. Eu não era do "partidão", e minha família, evidentemente, estava longe de ser rica, ou mesmo enfronhada na sociedade. Como imigrantes, a gente fez muitos amigos, mas nossos amigos em geral não ocupavam posições de relevo social, e não eram em número suficiente para criar a espécie de rede de propaganda boca a boca que um arquiteto ou decorador precisava ter para se firmar no mercado (e ainda precisa!). Se eu insistisse na carreira, acabaria a vida toda só trabalhando nas construtoras, fazendo aqueles projetos de edifícios meio massificados, que visam mais aos interesses dos donos da firma do que aos dos futuros moradores.

Ora, o que todo arquiteto quer é realizar os sonhos da família que vai morar nas casas que ele (ou ela) projetou. Por isso, cansei de enxugar gelo, e resolvi enveredar pela carreira de professora. E foi na UFRJ, a Universidade Federal do Rio de Janeiro, que encontrei uma posição que me convinha: professora de Geometria Descritiva. Continuei fazendo projetos, mas aí apenas para clientes particulares, a maior parte amigos da gente. Ah, e a casa de Nova Friburgo, onde fomos morar, foi projetada por mim, é claro!

Às vezes tenho saudades do meu piano, e penso em como seria a vida se eu tivesse sido pianista. Mas a carreira que escolhi, e na qual me aposentei, me trouxe muitas felicidades, e principalmente me ofereceu uma vida tranquila, sem preocupações excessivas. Uma vida de paz, que me permitiu evocar todas essas histórias e fatos que acabo de contar para vocês.

Honestamente? Não foi fácil relembrar tudo isso. E olhem que só relatei um quarto (o inicial) da minha existência.

– E o resto? – vocês perguntarão. Bem, o resto foi bem menos tumultuado, sem tantos percalços. Dá para compreender. Afinal, o resto da minha vida eu passei no Brasil, e daqui não arredei o pé, salvo umas ou outras viagens ao exterior, durante as quais eu morria de saudades daqui de casa. Mas isso já é outra história...

Talvez vocês fiquem decepcionados por eu parar essa espécie de biografia por aqui, talvez até tenham ficado curiosos de saber como continuou tudo isso, como conheci meu marido Paulo, como tive as minhas filhas, como me tornei saltadora, como virei campeã de natação máster, e por isso viajei o mundo depois dos 70 anos, quantos bichos passaram pela nossa casa...

Prometo que uma hora dessas eu volto a retomar o fio da meada. Mas por enquanto não vai dar, estou tão cansada que não vou conseguir juntar de um jeito coerente os cacos de memória que andam boiando caoticamente na minha cabeça. Mas quem sabe no futuro... Puxa, acho até engraçado. Isso é que eu chamo de pretensão: falar de futuro aos 90 anos! Mas quem sabe, mesmo assim...

FOTO: JÚLIA RÓNAI

NORA TAUSZ, AOS 89 ANOS, PELOS OLHOS DE SUA NETA JÚLIA.

Quem é Nora Rónai

POR CORA RÓNAI

Deveria existir em algum lugar, numa instância superior, uma espécie de Conar onde a gente pudesse registrar queixas de propaganda enganosa contra o destino. Vejam o nosso caso: crescemos, Laura e eu, achando que ser mulher era ser algo semelhante à nossa mãe, que tem uma inteligência luminosa numa embalagem de estonteante qualidade. Que, contra todas as dificuldades, tornou-se professora de Arquitetura da UFRJ. Que, ainda agora, aos 90 anos, acompanha avidamente o noticiário científico e econômico. E que é, reconhecidamente, uma das maiores nadadoras máster do mundo.

– Sua mãe é a pessoa mais inteligente que já conheci – repetia frequentemente nosso pai, cheio de assombro. Ele, que ao longo da vida conheceu bastante gente inteligente e que não podia, em absoluto, ser acusado de falta de inteligência, sabia do que estava falando. Ser inteligente não é só saber um monte de coisas, mas saber usar o conhecimento e a intuição, coisa que mamãe sempre fez como ninguém. Quando projetou o sítio, em fins dos anos 50, já estava tão preocupada com o meio-ambiente que conseguiu, com os parcos recursos da época, construir o que hoje se chama uma "casa verde".

Nós, crianças, achávamos tudo isso normal, assim como achávamos normal o amor e a admiração mútuos que nossos pais sentiam um pelo outro, simples confirmação do "foram felizes para sempre" que líamos nos contos de fadas. Também achávamos normal que uma mulher não mudasse de peso nunca e que estivesse sempre linda, sem recorrer a cremes, maquiagem ou dietas. O tempo nos mostrou como estávamos iludidas.

Pergunto: é justo crescer em tal estado de ignorância?! É justo sermos filhas da Mulher Maravilha achando que aquele é o Padrão Feminino Básico?! Sinceramente: no dia em que eu morrer, quero ter uma conversa muito séria com Alguém Lá Em Cima. Não é assim que se prepara ninguém para a vida, ora pitombas.

Até lá, o que podemos dizer é que, tendo aos poucos descoberto que criatura extraordinária é nossa mãe, não nos cansamos de amá-la e de admirá-la acima de todas as outras coisas e pessoas, e de contemplar, cheias de orgulho, o outro lado da moeda. Somos criaturas bem imperfeitas, com certeza – mas tiramos a sorte grande na loteria da vida.

Uma cidade perdida no tempo

POR LAURA RÓNAI

Ao norte da Itália, Fiume era pequena, mas progressista. Tinha um porto que havia sido muito ativo quando a cidade pertencia à Hungria (por ser o único porto marítimo daquele país) mas se tornara quase inútil para os italianos. Sendo assim, já na época de Nora e Giorgio, sua importância era local, com exceção dos navios de guerra de várias nações que vinham buscar torpedos. É que, dentre suas indústrias, se destacavam particularmente uma fábrica de tabaco e a famosa fábrica de torpedos Whitehead & Schwartzkopf (um nome bem engraçado para quem domina o inglês e o alemão). Fiume contava ainda com um belo Teatro de Ópera (o Teatro Verdi), duas sorveterias rivais (Piva e De Marmels) e igualmente deliciosas, enfim, o comércio típico de cidades bastante independentes e suficientemente ricas: mercadinhos, sapatarias, farmácias, lojas de tecidos, de ferramentas, de bens de consumo dos mais variados tipos.

A comunidade judaica era bastante grande, mas totalmente assimilada aos habitantes da cidade. Ninguém se identificava como judeu fiumano, mas sim como fiumano, em primeiro lugar, e judeu, em segundo. Na verdade, muitos judeus nem mesmo sabiam que eram judeus, foram descobrir sua ascendência por causa das leis raciais. Os hábitos da terra eram tão entranhados que a família, apesar de judia dos dois lados, Weisz e Tausz, comemorava o Natal todos os anos, com um belo pinheirinho enfeitado, tradição mantida na família até hoje.

Ninguém podia imaginar então que o mundo iria desabar, e que a própria cidade, transformada em objeto de barganha política, acabaria desaparecendo do mapa. Em 1947 foi anexada à República Socialista Federal da Iugoslávia. Entre os cidadãos de etnia italiana que ainda sobraram na cidade, a maior parte foi forçada a emigrar por motivos étnicos ou razões ideológicas. Os mais idealistas fundaram a "Comuna Livre de Fiume no Exílio", à qual aderiram numerosos fiumanos, com um prefeito próprio e um conselho comunal. Os Tausz, com passaporte vermelho de apátridas, preocupados com a própria sobrevivência, foram acabar no Rio de Janeiro: de um rio (Fiume) para outro. Aqui, Nora e Giorgio juraram nunca mais falar nem italiano nem húngaro. Aprenderam o português, e tentaram deixar o passado para trás.

Desse passado, mais sereno e inocente, sobraram as memórias de Nora e algumas fotos feitas por Edoardo, fotógrafo premiado, dono de um olhar curioso e atento, que ilustram este livro. As fotos não iluminavam os palácios e monumentos imponentes, mas as ruelas esquecidas da Città vecia (Cidade velha, em dialeto Fiumano), os carregadores do porto num momento de descanso, os operários empenhados na construção de um prédio, famílias usufruindo de um almoço tranquilo num restaurante agradável, a passagem de uma procissão, ou crianças despreocupadas num banho de mar.

Já as memórias de Nora... bem, essas trazem o olhar sobre um tempo e espaço que não mais existem, de uma criança sobrevivente de um mundo já tão distante, mas nos detalhes, tão próximo de nós.

O registro deste cotidiano sem pompa e sem amargor constitui muito mais do que a ilustração de uma crônica familiar. Forma uma memória preciosa, de uma Itália que não existe mais, de um mundo em que as pessoas ainda se dividiam entre boas e más, mocinhos e bandidos. O mundo antes do Holocausto.

O livro *Memórias de um lugar chamado onde* foi composto no estúdio Entrelinha Design com as tipografias The Serif e Isabelle Layne e impresso em offset 90g/m2, pela Gráfica Edelbra, em fevereiro de 2014.